W9-BAP-533

Actividades en español
Spanish Vocabulary Activities

Lori Langer de Ramírez, Ed. D.
Herricks Middle School
Herricks, NY

AMSCO

Amsco School Publications, Inc.
315 Hudson Street / New York, NY 10013

Text Design by A Good Thing, Inc.
Cover Design by Meghan Shupe
Illustrations by Lori Langer de Ramírez
Cover Illustration by Jupiterimages

Please visit our Web site at:
www.amscopub.com

When ordering this book, please specify either **R 030 W**
Actividades en español (Spanish Vocabulary Activities) Book 1

ISBN 978-1-56765-812-5

NYC Item 56765-812-4

Contents

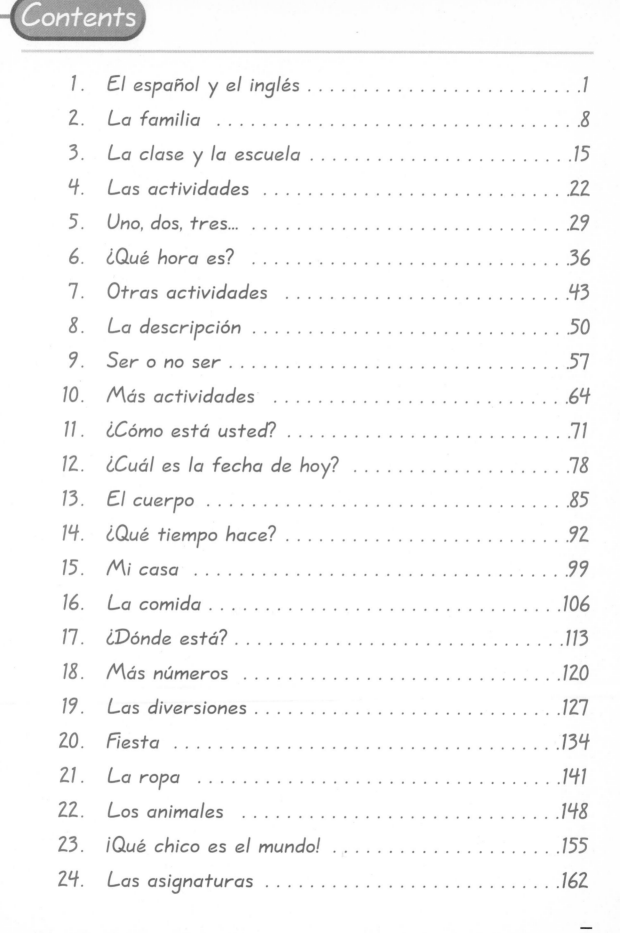

Preface *Fun and Games in Spanish*

Spanish teachers are always looking for fun and fruitful activities for beginning-level students. Puzzles and other word games motivate students and can help develop vocabulary and decoding skills in the beginning learner. More often than not, puzzles developed for Spanish native speakers of the language are too difficult for beginning-level students. **Actividades en español**: *Spanish Vocabulary Activities, Book 1* was designed to meet the need for games and puzzles geared specifically for the beginning level: the largest group of Spanish language learners in K-12 schools.

Book 1 contains activities and a variety of puzzles—acrostic, crossword, and logic, for example—with typical thematic topics such as:

- **family**
- **school and classes**
- **leisure time activities**
- **numbers**
- **time**
- **colors**
- **physical descriptions**
- **professions and trades**
- **the calendar**
- **the body**
- **weather**
- **house and home**
- **food and meal-taking**
- **locations and prepositions**
- **parties and celebrations**
- **clothing**
- **animals**
- **countries, nationalities, languages**

Actividades en español: *Spanish Vocabulary Activities, Book 1* will get your students excited about learning Spanish and help them feel successful in their studies.

Have fun!

Chapter 1

El español y el inglés

Puzzle 1 *Ladrillos y letras*

Find the word that matches the shapes and the pictures below. Write one letter in each box until you complete each word.

FLOR	GATO	SOMBRERO
~~LÁMPARA~~	PLUMA	LECHE

1. | l | á | m | p | a | r | a |

2. ☐ ☐ ☐ ☐ ☐

3. ☐ ☐ ☐ ☐ ☐

4. ☐ ☐ ☐ ☐ ☐ ☐ ☐ ☐

5. ☐ ☐ ☐ ☐

6. ☐ ☐ ☐ ☐

Puzzle 2 · Acróstico

Write the phrases in Spanish. Then use the shaded letters to find the title of this puzzle.

1. What is your name? ¿C ó m o   t e   l l a m a s?
   1

2. How are you? ¿___ ___ ___ ___   ___ ___ ___ ___ ___?
   2

3. Good night. ___ ___ ___ ___ ___ ___
   ___ ___ ___ ___ ___ ___ .
   3

4. Good morning. ___ ___ ___ ___ ___ ___   ___ ___ ___ ___ .
   4

5. I'll see you later. ___ ___ ___ ___   ___ ___ ___ ___ ___ .
   5

6. How are you doing? ¿___ ___ ___   ___ ___ ___?
   6

7. Nice to meet you. ___ ___ ___ ___ ___   ___ ___ ___ ___ ___ .
   7

8. Good afternoon. ___ ___ ___ ___ ___ ___
   ___ ___ ___ ___ ___ ___ .
   8

9. Hello. ___ ___ ___ ___ .
   9

10. Goodbye. ___ ___ ___ ___ ___ .
    10

Puzzle Title

___ ___ ___   ___ ___ ___ ___ ___ ___
1   2   3   4   5   6   7   8   9   10

2 Actividades en español

Puzzle 3 Buscapalabras

Find and circle or highlight these words in the puzzle below.

FIESTA   LECHE   MUCHACHA   PERRO
GATO   LIBRO   MUJER   PLUMA
HOMBRE   MADRE   PADRE
LÁMPARA   MUCHACHO   PERIÓDICO

```
A  E  R  A  M  A  I  M  D  O  A  T  C  U  A  C  E  L  E  R
A  A  D  H  H  R  A  A  T  E  H  T  R  H  H  P  P  R  L  A
G  B  H  D  O  P  M  C  L  C  A  E  B  A  D  A  M  R  U  P
H  L  R  F  D  O  I  A  O  E  O  P  A  A  M  C  F  R  O  L
A  E  C  H  C  I  H  L  A  R  A  M  D  O  I  M  R  L  C  L
A  H  A  S  O  E  R  I  H  E  I  C  A  U  C  O  R  U  E  C
P  H  C  R  A  C  A  B  S  H  I  L  A  R  O  I  P  A  P  A
M  A  L  Á  M  P  A  R  A  R  E  O  O  S  R  A  A  A  H  H
A  O  E  M  U  E  P  O  D  E  C  T  A  L  E  A  O  P  C  O
M  O  C  O  C  M  E  M  F  R  A  G  T  A  C  R  M  M  A  R
H  P  H  O  H  R  R  A  L  M  E  E  T  U  O  C  A  C  A  M
I  I  E  P  A  D  R  E  U  L  O  C  B  U  A  A  P  R  A  E
A  F  P  M  C  L  O  M  U  J  E  R  H  A  E  O  H  F  O  R
M  I  R  E  H  A  R  U  I  T  A  H  M  L  C  J  C  T  A  D
P  E  R  I  Ó  D  I  C  O  T  E  R  B  C  H  J  P  C  B  U
M  S  A  O  M  M  C  H  D  H  M  A  A  H  D  M  M  L  A  L
A  T  P  O  B  E  G  A  T  O  P  M  C  O  A  C  A  M  U  M
M  A  A  P  R  M  A  C  R  E  T  F  R  E  R  S  O  D  H  O
M  A  D  R  E  A  L  H  H  D  F  P  H  H  U  C  A  M  H  I
P  U  G  P  L  U  M  A  O  O  P  I  R  E  C  R  R  C  I  J
```

The vocabulary words are all mixed up! Use the word halves in the box below to piece the words back together again. Use each half only once.

uma	go	per	dín	ódico
~~ma~~	ca	ro	pa	difí
jar	univer	ro	dre	pa
es	cil	rque	pl	mbre
sidad	le	aut	somb	
rero	ban	lib	sa	
peri	ho	tación	~~no~~	
co	che	obús	ami	

1. _mano_

2. _____

3. _____

4. _____

5. _____

6. _____

7. _____

8. _____

9. _____

10. _____

11. _____

12. _____

13. _____

14. _____

15. _____

16. _____

17. _____

18. _____

Puzzle 5   Cuadro de lógica

Each member of the Beltrán family is at a different place. Read the clues below to determine where each one is. Fill in the chart using "S" for sí and "N" for no.

Claves:

1. La madre va al cine.
2. El padre o el muchacho va a la escuela.
3. El padre o el muchacho va a la fiesta.
4. El muchacho es un estudiante.

Complete the crossword puzzle by using the Spanish word for each clue.

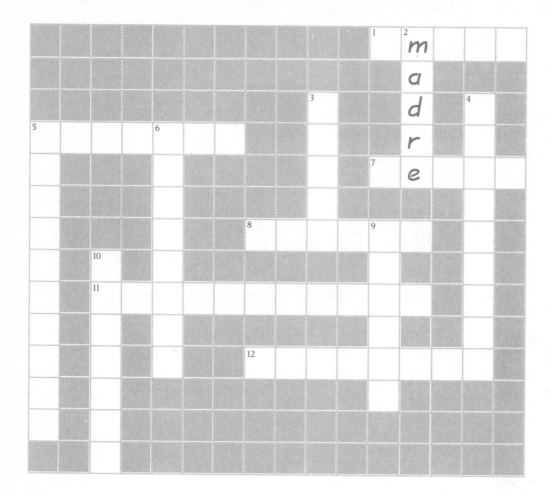

Down

2. mother
3. father
4. a stack of papers with articles about current events
5. student
6. station
9. a place you go to see a show
10. bus

Across

1. a person who shares your interests
5. school
7. an animal that barks
8. party
11. university
12. an article of clothing you wear on your head

Can you read this email from your new key pal Ana? Much of it is in picture form. When you come to a picture, read it as if it were a Spanish word.

¡Hola! Me llamo Ana López. Vivo con mi familia en una [house] muy bonita.

Mi [woman] se llama Rosa. Ella trabaja en el [bank] . Mi [man] se llama

Rafael y es médico. Yo soy [student] en la escuela secundaria. En casa tenemos un

[dog] llamado Pico y un [cat] llamado Rafi. En nuestro tiempo libre,

hacemos muchas cosas. A mi mamá le gusta trabajar en el [garden] .

Ella es una [person] a la que le gustan mucho las [flowers] . Mi papá juega fútbol

en el [park] . Es un [person] al que le gustan mucho los deportes. Y yo voy al

[cinema] con mis amigos. Me encantan las películas y también el [theater] .

¿Y tú? ¿Cómo eres?

Chapter 2

La familia

Puzzle 1 El código secreto

Help break this code. Using the key below, replace the code with the correct letters. For example, when you see the letter D, replace it with an M. When you see the letter U, replace it with an A. Do this for all the letters until you reveal each word. Good luck!

Code	C	D	E	F	G	H	M	P	Q	S	R	W	X	Y	Z
Letter		**M**		**H**			**B**				**A**	**P**			**E**

1. DRDR _mamá_

2. WRXHZ _____

3. FPEY _____

4. FZHDRSR _____

5. WRXHZG _____

6. RMQZCR _____

7. FZHDRSYG _____

8. WRWR _____

Write the words and phrases in Spanish. Then use the shaded letters to find the title of this puzzle.

1. My mother's mother ___ ___   ___ ___ ___ ___ ▢ ___
    ₁

2. My father's daughter ___ ___   ___ ___ ___ ___ ▢ ___ ___
    ₂

3. Please ___ ___ ___   ▢ ___ ___ ___ ___
    ₃

4. Nickname for mother ___ ▢ ___ ___
    ₄

5. The son of my uncle ___ ___   ___ ___ ___ ▢ ___
    ₅

6. A male child of a father ___ ___   ___ ▢ ___ ___
    ₆

7. The father of my father ___ ___   ___ ___ ___ ___ ▢ ___
    ₇

8. The brother of my mother ___ ___   ___ ▢ ___
    ₈

9. A male parent ___ ___   ___ ▢ ___ ___ ___
    ₉

Puzzle Title

___ ___   ___ ___ ___ ___ ___ ___ ___
₁ ₂   ₃ ₄ ₅ ₆ ₇ ₈ ₉

Puzzle 3 Buscapalabras

Find and circle or highlight these words in the puzzle below.

PRIMO TÍO ABUELO PADRES

HERMANOS HERMANA PRIMA PAPÁ

PADRE TÍA HERMANO

MADRE ABUELA HIJA

FAMILIA MAMÁ HIJO

```
E O H I J A R Á R P D R A Á H M P U A H M
O J I R M M A Á A R A H I J O U L R I A M
I U H I F O M I L I A A L L M A D R E B A
M P U M Í E Í A S M M I L E R A A E I U P
E O E A O E O T N E H I N E Í R T B E E T
D P I A M A S M O T Í A R M U M B O P L M
A Á O E P U M O O R J D A R E B T L M O A
U U P D Í A N J N R I J A A N Í A H A P R
P D E A D I P A M A J U P P M M A E A A M
R L T R H O A A P R M Í P J A I R R Á P H
N O E A H E E O D Í A R N M P R R M M Á S
F P M A H A R A P R D I E H H P A P A I I
A M A M Á A B M E L E T E H P R A N M E B
M J O P H U B A A A H R M O P A D O M B H
I A N R E R P P R N M O J M P H I D L L A
L N O I I A R I H A O L A A I E H R A R A
I E A M R A I D N P U R D D R R O H A O M
A I P O H A M O A E B R T H S M A A J M D
I R L M R Á S P A U E P M I P A O I I A R
S M H E M S Á A M S N M A A I N H A A H E
M O D I A E O A E P O M A O I A M P A A B
```

10 Actividades en español

Puzzle 4 Palabras mezcladas

The vocabulary words are all mixed up! Use the word halves in the box below to piece the words back together again. Use each half only once.

no	pa	pr	tí	herman
má	ja	lia	uela	ab
dres	os	elo	ana	hi
jo	re	pa	a	hi
abu	mad	pá	herm	imo
dre	ma	pa	fami	herma

1. _____

2. _____

3. _____

4. _____

5. _____

6. _____

7. _____

8. _____

9. _____

10. _____

11. _____

12. _____

13. _____

14. _____

15. _____

Cuadro de lógica

Mauricio, Rodrigo, and Joaquín are related to each other. Read the clues below to determine what their relationship is. Fill in the chart using "S" for sí and "N" for no.

Claves:

1. Mauricio es el hermano de mi madre.
2. Joaquín no tiene hijos.
3. Rodrigo es el padre de mi padre.
4. Joaquín es el hijo de Mauricio.

Mauricio			
Joaquín			
Rodrigo			

Puzzle 6 Crucigrama

Complete the crossword puzzle using the Spanish word for each clue.

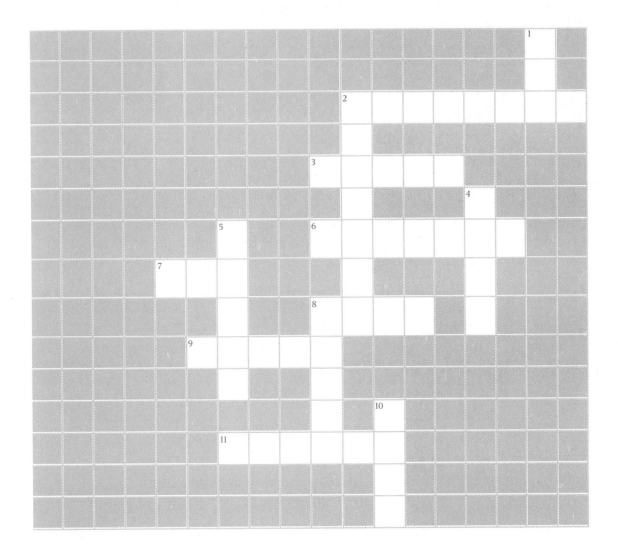

Down

1. uncle
2. sister
4. female child
5. father
8. mother
10. a nickname for father

Across

2. brothers and sisters
3. cousin
6. family
7. aunt
8. a nickname for mother
9. the daughter of your aunt
11. grandmother

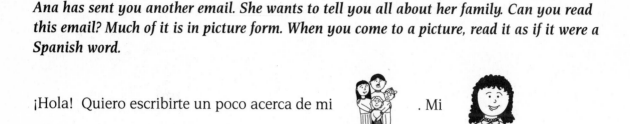

Ana has sent you another email. She wants to tell you all about her family. Can you read this email? Much of it is in picture form. When you come to a picture, read it as if it were a Spanish word.

¡Hola! Quiero escribirte un poco acerca de mi . Mi

es una mujer muy inteligente. La mamá de mi madre, mi vive con nosotros.

El hermano de mi madre, mi vive cerca de nosotros. Él nos visita mucho

con su hijo, Mario, mi , y con su hija Teresa, mi

Mis son muy divertidos. Todos vamos a la misma .

El padre de mi papá, mi , vive lejos de nosotros. De vez en

cuando, viene a visitarnos con mi otra (la madre de mi papá). ¿Cómo

es tu familia?

Chapter 3

La clase y la escuela

Puzzle 1 Ladrillos y letras

Find the word that matches the pictures below. Write one letter in each box until you complete each word.

ALUMNA	MAPA	PUERTA
CUADERNO	PROFESOR	ESCRITORIO

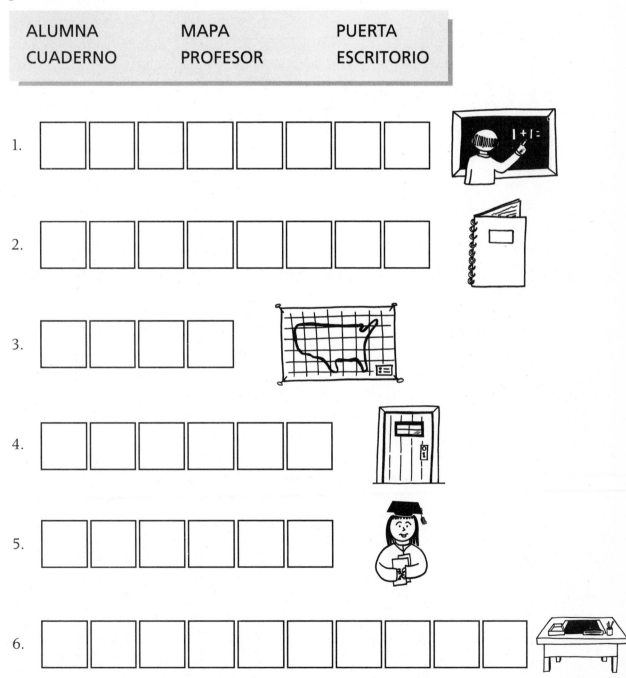

1.

2.

3.

4.

5.

6.

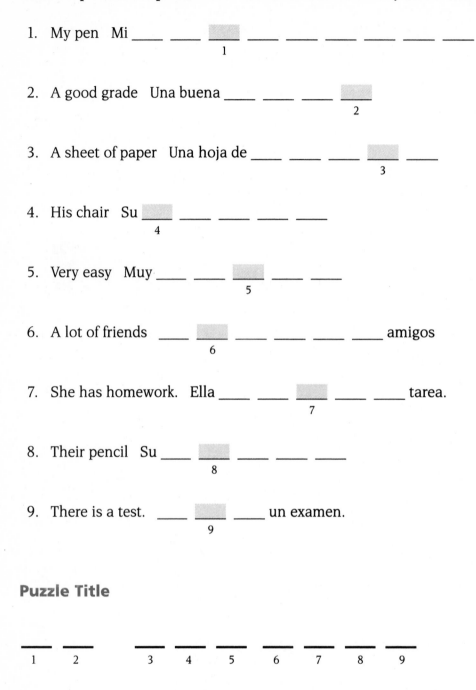

Puzzle 2 Acróstico

Write the phrases in Spanish. Then use the shaded letters to find the title of this puzzle.

1. My pen Mi ____ ____ ⬚ ____ ____ ____ ____ ____ ____
                        1

2. A good grade Una buena ____ ____ ____ ⬚
                                         2

3. A sheet of paper Una hoja de ____ ____ ____ ⬚ ____
                                               3

4. His chair Su ⬚ ____ ____ ____ ____
               4

5. Very easy Muy ____ ____ ⬚ ____ ____
                           5

6. A lot of friends ____ ⬚ ____ ____ ____ ____ amigos
                         6

7. She has homework. Ella ____ ____ ⬚ ____ ____ tarea.
                                    7

8. Their pencil Su ____ ⬚ ____ ____ ____
                       8

9. There is a test. ____ ⬚ ____ un examen.
                         9

Puzzle Title

___ ___   ___ ___ ___ ___ ___ ___ ___
 1   2   3   4   5   6   7   8   9

Find and circle or highlight these words in the puzzle below.

MUCHAS	PROFESORA	ESTUPENDO	PAPEL
PIZARRA	MOCHILA	TIENE	BOLÍGRAFO
SILLA	OTRA	ESCRITORIO	PARED
MUCHOS	OTRO	FÁCIL	CLARO
TIZA	LÁPIZ	ALUMNO	PLUMA
CUADERNO	PUERTA	REGLA	MAPA
MAESTRA	DICCIONARIO	HAY	MAESTRO
ALUMNA	PROFESOR	ESTUDIANTE	NOTA
VENTANA			

```
N O V I M P O R T A Z S R O L R T M E A S
A R P E S C R I T O R I O N R O T U U O C
S A M I U H O A A A R R P H U T A E O R M
O M P I Z A O E T R N X L Á C L S O U I A
O A A R A A S E E O R T T M L U U E I U O
O E R T O R R L M U C H A S E D M E A O S
C S E I N O O R C L A R O O O T R O N M A
E T D E B G S S A V R C T U S A R M N V E
S U U N E F I E E R I R A R A D U L R E U
T D O E P P L S O F A I O B I L R T O N A
U I L A P A L M L R O S C C A A C F T T D
P A C T U A A U C U E R C A N M A T H A I
E N A I R E P U M F A I P M A R O B R N R
N T A Z N H R E O A O F U E G A E U N A R
D E P A O I N R L N Á L S Í P E E G U I I
O E U T A M P N A C A T L A N T R N L T I
N A E R H A Y R I N R O M C Z L S E C A O
O I R L A O I L R A B I E M O C H I L A M
T R T R V O B U E N A L S U E R T E E S R
A T A T A A C U A D E R N O E N U N I I M
```

Puzzle 4 · Palabras mezcladas

The vocabulary words are all mixed up! Use the word halves in the box below to piece the words back together again. Use each half only once.

orio	bolígr	stra	umna	ma
pa	hos	si	ti	escrit
ante	estudi	profe	vent	piz
pi	muc	orta	no imp	el
as	za	pap	al	lá
red	fá	pa	sor	mae
much	afo	ti	cl	
ene	zarra	ra	aro	
ana	ot	lla	cil	

1. _____

2. _____

3. _____

4. _____

5. _____

6. _____

7. _____

8. _____

9. _____

10. _____

11. _____

12. _____

13. _____

14. _____

15. _____

16. _____

17. _____

18. _____

19. _____

20. _____

21. _____

A teacher and two students each have a different object in class. Read the clues below to determine who has what. Fill in the chart using "S" for sí and "N" for no.

Claves:

1. El profesor no tiene la mochila.
2. El estudiante no tiene la tiza.
3. La alumna tiene la mochila.
4. El profesor tiene la tiza.

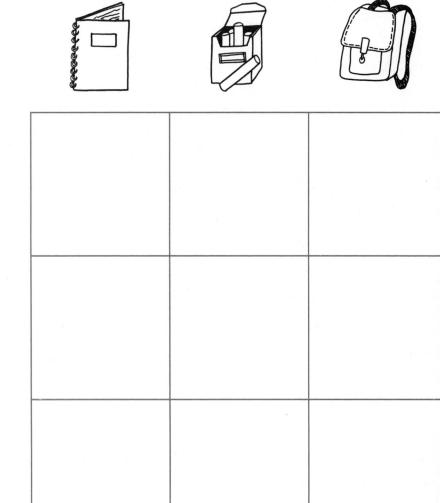

Complete the crossword puzzle using the Spanish word for each clue.

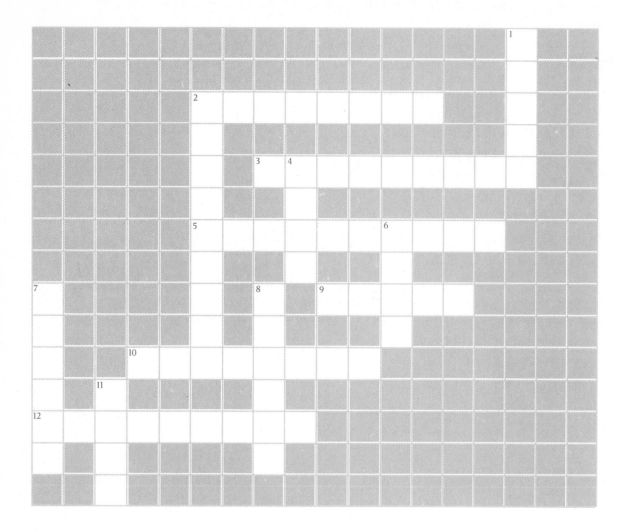

Down

1. of course
2. female teacher
4. other
6. other (fem.)
7. male student
8. door
11. chalk

Across

2. male teacher
3. pen
5. desk
9. wall
10. notebook
12. it doesn't matter (2 words)

Ana has sent you another email. She wants to tell you all about her school. Can you read this email? Much of it is in picture form. When you come to a picture, read it as if it were a Spanish word.

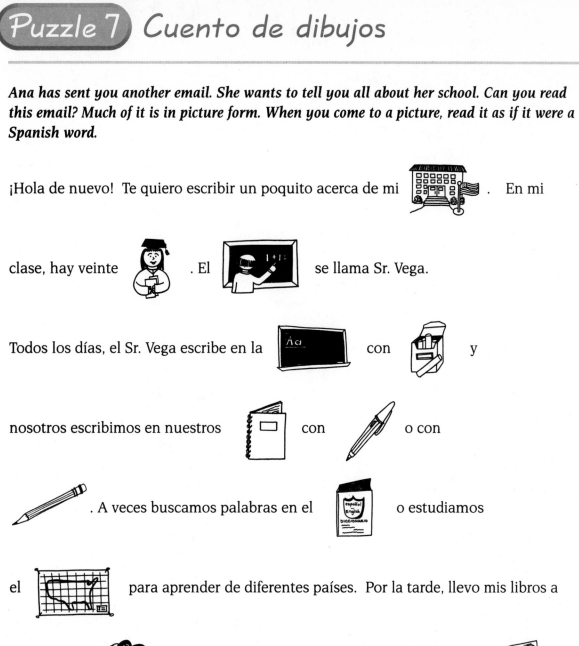

¡Hola de nuevo! Te quiero escribir un poquito acerca de mi _____ . En mi

clase, hay veinte _____ . El _____ se llama Sr. Vega.

Todos los días, el Sr. Vega escribe en la _____ con _____ y

nosotros escribimos en nuestros _____ con _____ o con

_____ . A veces buscamos palabras en el _____ o estudiamos

el _____ para aprender de diferentes países. Por la tarde, llevo mis libros a

casa en mi . Estudio mucho porque me gusta recibir buenas _____ .

¿Y tu escuela cómo es?

Chapter 4

Las actividades

Puzzle 1 — Ladrillos y letras

Find the word that matches the pictures below. Write one letter in each box until you complete each word.

ESCUCHAR	CANTAR	ENTRAR
MIRAR	PREGUNTAR	HABLAR

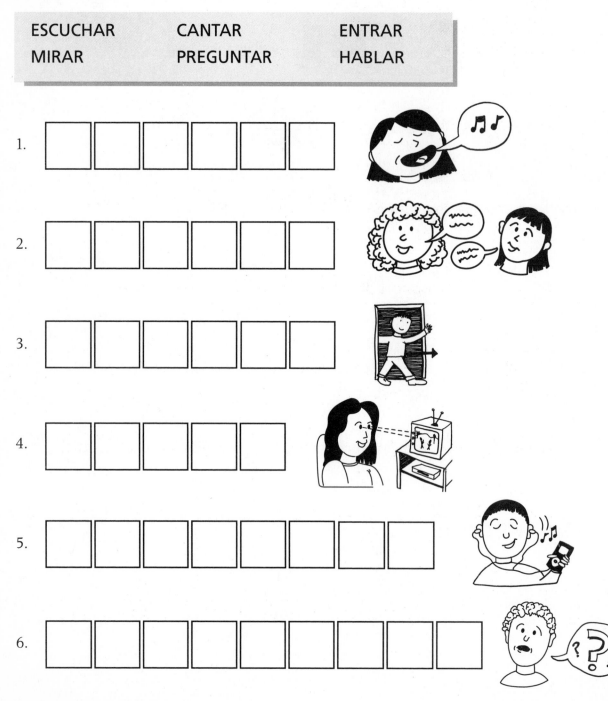

1.

2.

3.

4.

5.

6.

Write the words and phrases in Spanish. Then use the shaded letters to find the title of this puzzle.

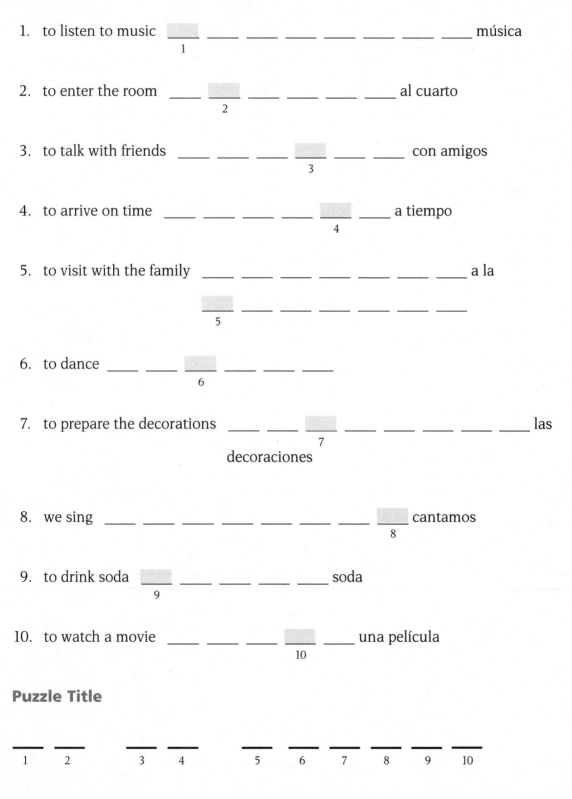

1. to listen to music ▢ ___ ___ ___ ___ ___ ___ ___ música
   1

2. to enter the room ___ ▢ ___ ___ ___ ___ al cuarto
   2

3. to talk with friends ___ ___ ___ ▢ ___ ___ con amigos
   3

4. to arrive on time ___ ___ ___ ___ ▢ ___ a tiempo
   4

5. to visit with the family ___ ___ ___ ___ ___ ___ ___ a la

   ▢ ___ ___ ___ ___ ___ ___
   5

6. to dance ___ ___ ▢ ___ ___ ___
   6

7. to prepare the decorations ___ ___ ▢ ___ ___ ___ ___ ___ las
   7
   decoraciones

8. we sing ___ ___ ___ ___ ___ ___ ___ ▢ cantamos
   8

9. to drink soda ▢ ___ ___ ___ ___ soda
   9

10. to watch a movie ___ ___ ___ ▢ ___ una película
    10

Puzzle Title

___ ___   ___ ___   ___ ___ ___ ___ ___ ___
 1   2   3   4   5   6   7   8   9   10

Puzzle 3 Buscapalabras

Find and circle or highlight these words in the puzzle below.

BUSCAR	BAILAR	PRACTICAR	USTED
YO	TÚ	NOSOTROS	ENTRAR
CONTESTAR	ESCUCHAR	PREPARAR	COMPRAR
TRABAJAR	PREGUNTAR	HABLAR	ELLAS
CAMINAR	LLEGAR	MIRAR	ELLA
USTEDES	ELLOS	VISITAR	
ESTUDIAR	NOSOTRAS	TOMAR	
DESEAR	USAR	CANTAR	

```
L  V  T  P  R  B  O  R  E  A  R  T  E  U  A  M  I  R  A  R  R
S  N  O  S  O  T  R  A  S  E  I  D  A  A  S  R  A  A  A  P  T
L  L  P  P  E  C  A  T  R  A  B  A  J  A  R  T  E  R  C  L  O
E  A  I  R  I  O  O  L  M  I  L  P  R  V  P  R  E  A  R  O  R
N  A  B  E  T  N  A  A  T  U  A  L  R  R  I  R  R  D  T  E  L
T  O  P  G  T  T  N  O  P  S  A  Y  E  S  A  S  P  N  E  R  A
R  T  T  U  V  E  A  E  S  A  O  P  C  E  I  S  I  T  L  S  R
A  C  L  N  L  S  R  D  H  R  A  M  R  I  R  A  S  T  O  N  R
R  A  T  T  R  T  A  A  R  R  C  A  M  I  N  A  R  A  N  O
L  V  I  A  O  A  R  A  A  A  L  E  A  A  N  D  C  R  R  R  E
T  O  C  R  E  R  H  R  I  O  C  S  R  U  I  E  T  R  R  A  U
U  Y  R  T  C  C  U  S  T  E  D  R  L  R  R  S  A  E  N  I  R
A  A  Ú  A  U  R  R  B  A  I  L  A  R  A  E  E  R  L  O  I  R
R  E  S  C  G  U  V  E  D  L  I  R  R  L  S  A  R  T  S  L  T
T  A  S  R  R  E  L  P  R  L  A  P  L  R  I  R  S  O  O  D  A
S  E  L  I  R  L  L  A  S  T  M  O  A  D  E  A  R  M  T  A  T
R  A  E  B  A  A  T  L  N  O  S  C  U  T  R  A  I  A  R  I  T
P  R  T  S  A  M  E  A  C  R  S  T  C  G  R  C  O  R  O  A  M
A  D  O  Ú  S  H  C  A  H  U  S  L  U  N  R  T  E  C  S  R  S
L  S  D  O  O  A  A  B  B  E  P  R  A  C  T  I  C  A  R  A  R
```

Palabras mezcladas

The vocabulary words are all mixed up! Use the word halves in the box below to piece the words back together again. Use each half only once.

esc	compr	hab	lar	ar	pr
mir	as	us	minar	eparar	ca
vis	tros	nos	us	bail	os
car	uchar	otras	ell	tom	estud
el	en	ar	ar	practi	ar
scar	noso	lleg	ted	trar	itar
ell	iar	la	ar	ar	bu

1. _____

2. _____

3. _____

4. _____

5. _____

6. _____

7. _____

8. _____

9. _____

10. _____

11. _____

12. _____

13. _____

14. _____

15. _____

16. _____

17. _____

18. _____

19. _____

20. _____

21. _____

Marisol, Nicolás, and Josefa each enjoy a different hobby. Read the clues below to determine who likes to do what. Fill in the chart using "S" for sí and "N" for no.

Claves:

1. A Marisol le gusta caminar en el parque.
2. A Nicolás no le gusta estudiar el español.
3. A Josefa no le gusta usar la computadora.
4. A Nicolás le gusta usar la computadora.

Marisol			
Nicolás			
Josefa			

Complete the crossword puzzle using the Spanish word for each clue.

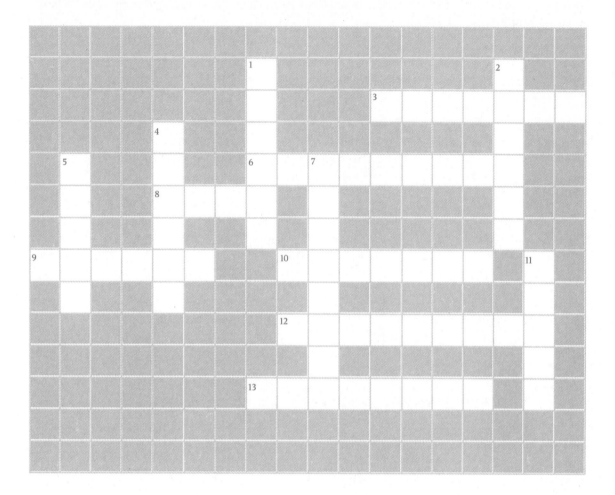

Down

1. to look for
2. to get in
4. to arrive
5. they (fem.)
7. we
11. to look

Across

3. to walk
6. to answer
8. she
9. to sing
10. to buy
12. to ask
13. we (fem.)

Ana has many hobbies and activities that she loves to do. She wrote you another email all about her favorite activities. Can you read this email? Much of it is in picture form. When you come to a picture, read it as if it were a Spanish word.

¡Buenos días! Hoy te voy a escribir todo acerca de mis actividades favoritas. Me gusta

mucho y música. La música que más me gusta

es el rock y el hip-hop. A veces, me gusta  también.

Los fines de semana me gusta el autobús al parque para

 con mis amigas y  con ellas.

Por las tardes me gusta la televisión. Durante el verano me

encanta a mi familia y  deportes.

¿Y  ?¿Qué te gusta hacer?

Chapter 5

Uno, dos, tres...

Puzzle 1 El código secreto

Help break this code. Using the key below, replace the code with the correct letters. For example, when you see the letter K, replace it with an S. When you see the letter X, replace it with an O. Do this for all the letters until you reveal each word. Good luck!

Code	A	B	D	H	J	K	L	N	P	S	T	V	X	Y
Letter		I		E		S	V		T				O	

1. HK _____

2. NXVHAJK _____

3. LHBVPBKHBK _____

4. LHBVPBPYHK _____

5. PYHBVPJ _____

6. LHBVPBSVX _____

7. XDTX _____

8. AXK _____

9. KHBK _____

10. LHBVPBVSHLH _____

Actividades en español 29

Write the answers to the math problems in Spanish. Then use the shaded letters to find the title of this puzzle. The first letter has been done for you.

1. 6 - 6 = ____ ____ ____ ▢
                              1

2. 2 + 1 = ____ ____ ____ ▢
                             2

3. 15 = ____ ____ ▢ ____ ____ por tres
                    3

4. 20 + 4 = ____ ____ ____ ____ ____ ____ ____ ▢ ____ ____ ____ ____
                                                 4

5. 10 = treinta ▢ ____ ____ ____ ____ veinte
                   5

6. 3 x 3 = ____ ____ ____ ____ ▢
                                6

7. 5 + 25 = ____ ▢ ____ ____ ____ ____ ____
                  7

8. 40 = ____ ____ ____ ▢ por cinco
                        8

9. 18 - 1 = ____ ____ ____ ____ ____ ▢ ____ ____ ____ ____
                                      9

Puzzle Title

L ____ ____   ____ ____ ____ ____ ____ ____ ____
  1   2   3   4   5   6   7   8   9

Find and circle or highlight these words in the puzzle below.

TRECE	OCHO	MONEDAS	ONCE
DIEZ	CINCO	QUINCE	VEINTISIETE
CATORCE	TREINTA	NÚMERO	VEINTIOCHO
MÁS	DIECINUEVE	POR	SEIS
DOS	VEINTIDÓS	DIECISÉIS	VEINTICUATRO
NUEVE	DIECIOCHO	VEINTINUEVE	CUATRO
VEINTIUNO	ES	MENOS	DINERO
SON	VEINTITRÉS	DIVIDIDO POR	TRES
DIECISIETE	VEINTE	SIETE	UNO
DOCE	VEINTISÉIS	CERO	VEINTICINCO

```
D  U  V  D  N  Ú  M  E  R  O  T  C  U  I  I  N  E  R  U  C  I
I  E  C  I  T  C  V  E  I  N  T  I  S  É  I  S  I  P  A  I  C
E  D  O  V  D  C  T  C  E  I  V  N  C  E  I  R  N  O  R  A  E
C  U  N  I  I  A  E  I  D  D  O  C  E  C  C  C  O  R  I  O  C
I  N  C  D  N  T  N  I  I  E  I  O  V  T  T  E  Y  M  D  C  T
N  O  E  I  E  O  E  I  E  E  D  E  E  V  R  T  M  Á  E  H  I
U  S  S  D  R  R  Q  S  C  T  U  I  I  E  E  H  I  S  E  O  O
E  V  D  O  O  C  V  R  I  N  N  O  N  I  I  V  I  N  E  V  I
V  E  V  H  D  E  D  O  S  O  Q  T  T  N  N  R  V  V  N  V  D
E  I  E  P  I  I  T  V  I  N  U  I  I  T  T  S  E  E  Á  E  V
U  N  I  O  E  O  R  I  E  O  I  S  C  I  A  E  I  I  V  I  D
M  T  N  R  Z  I  E  I  T  R  N  D  U  O  C  I  N  N  E  N  I
E  I  T  M  S  S  C  N  E  I  C  R  A  C  U  S  T  T  I  T  E
N  T  I  O  E  R  E  V  C  T  E  I  T  H  A  I  I  I  N  I  C
O  R  S  N  E  S  Z  I  V  E  N  E  R  O  T  E  U  C  T  N  I
S  É  I  E  U  C  R  S  T  R  E  S  O  N  R  T  N  I  I  U  S
T  S  E  D  E  E  E  O  N  U  E  V  E  T  O  E  O  N  D  E  É
I  V  T  A  D  R  S  N  V  E  I  N  T  E  T  C  E  C  Ó  V  I
O  C  E  S  T  O  E  O  D  I  E  C  I  O  C  H  O  O  S  E  S
```

The vocabulary words are all mixed up! Use the word halves in the box below to piece the words back together again. Use each half only once.

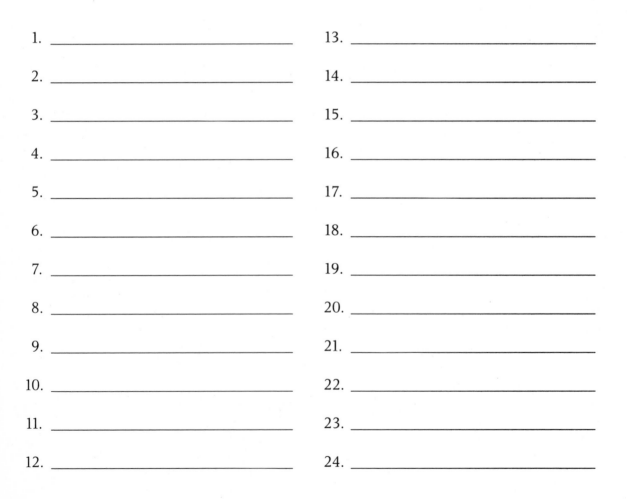

veint	do	iocho	ince	s	cato
si	ete	tr	din	un	veint
rce	do	qu	as	siete	is
r	po	ece	diecis	ero	ce
ce	ocho	mero	moned	veinti	inta
idós	ez	oc	on	os	s
ve	inte	se	men	di	on
ho	tre	o	iete	dieci	nú

1. _____

2. _____

3. _____

4. _____

5. _____

6. _____

7. _____

8. _____

9. _____

10. _____

11. _____

12. _____

13. _____

14. _____

15. _____

16. _____

17. _____

18. _____

19. _____

20. _____

21. _____

22. _____

23. _____

24. _____

Cuadro de lógica

Lalo, Guillermo, and Natalia collect coins. Read the clues below to determine how many each person has. Fill in the chart using "S" for sí and "N" for no.

Claves:

1. Lalo tiene más de once.
2. Natalia tiene menos de diez.
3. Guillermo tiene más de cinco.
4. Natalia tiene menos de cuatro.

Lalo			
Guillermo			
Natalia			

Complete the crossword puzzle using the Spanish word for each clue.

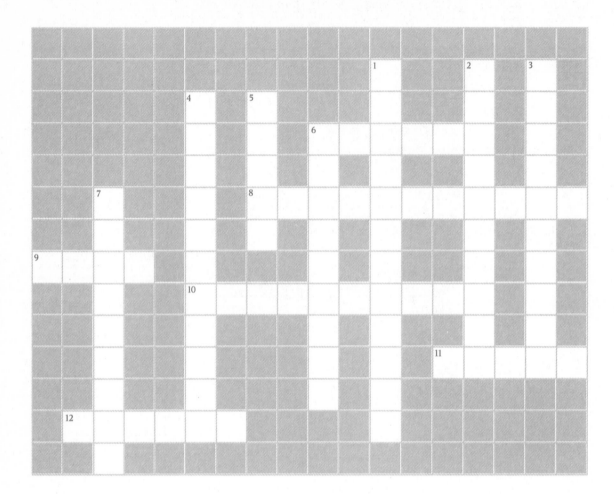

Down

1. twenty-four
2. seventeen
3. twenty-eight
4. divided by (2 words)
5. nine
6. twenty-one
7. sixteen

Across

6. twenty
8. twenty-seven
9. ten
10. nineteen
11. minus
12. money

Ana wants to tell you about her collections. Can you read her email? Much of it is in picture form. When you come to a picture, read it as if it were a Spanish word.

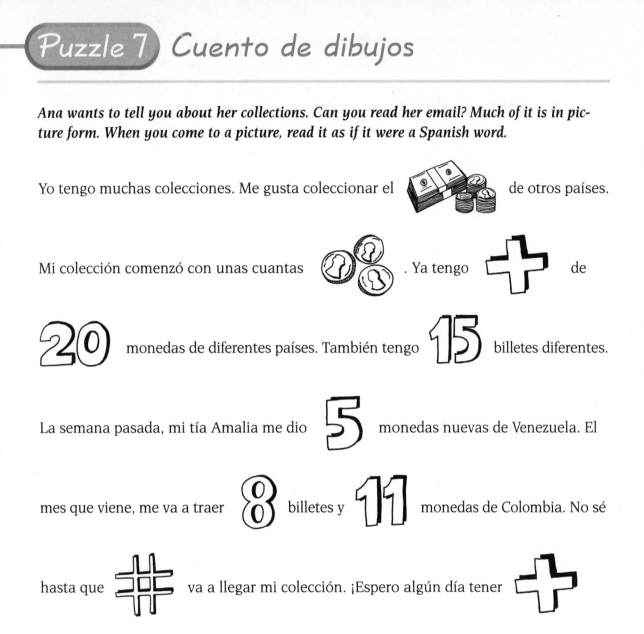

Yo tengo muchas colecciones. Me gusta coleccionar el [dinero] de otros países.

Mi colección comenzó con unas cuantas [monedas] . Ya tengo [más] de

20 monedas de diferentes países. También tengo 15 billetes diferentes.

La semana pasada, mi tía Amalia me dio 5 monedas nuevas de Venezuela. El

mes que viene, me va a traer 8 billetes y 11 monedas de Colombia. No sé

hasta que [número] va a llegar mi colección. ¡Espero algún día tener [más]

dinero que mi papá! ¿Tú tienes alguna colección?

Chapter 6

¿Qué hora es?

Puzzle 1 El código secreto

Help break this code. Using the key below, replace the code with the correct letters. For example, when you see the letter F, replace it with a U. When you see the letter R, replace it with a T. Do this for all the letters until you reveal each word. Good luck!

Code	D	F	I	J	L	M	P	Q	R	T	U	V	W	X	Z
Letter		U	E			A		L	T				R		Ñ

1. WIQUP _____

2. VUL _____

3. M QM FDM _____

4. M QMX TUX _____

5. QM RMWTI _____

6. RMWTI _____

7. JMZMDM _____

8. QM JMZMDM _____

9. MVUWM _____

10. XUD QMX TUX _____

Puzzle 2 Acróstico

Write the time in Spanish. Then use the shaded letters to find the title of this puzzle. The last letter has been done for you.

1. 2:00 p.m. ___ ___ ___   ___ ___ ___   ___ ___ ___

    ___ ___ ___   ___ ___ ___   ___ ___ ___ ___ [1] .

2. 4:30 ___ ___ ___   [2] ___ ___   ___ ___ ___ ___ ___ ___

    ___   ___ ___ ___ ___ ___ .

3. 1:15 ___ ___   ___ ___   ___ ___ ___   ___

    ___ ___ ___ [3] ___ ___ .

4. 2:55 ___ ___ ___   ___ ___ ___   ___ ___ [4] ___

    ___ ___ ___ ___ ___ ___   ___ ___ ___ ___ ___ .

5. 1:00 p.m. ___ ___   [5] ___   ___ ___ ___   ___ ___

    ___ ___ ___   ___ ___ ___ ___ .

6. 10:00 p.m. ___ ___ ___   ___ ___ ___   ___ ___ ___ ___

    ___ ___   ___ ___   ___ [6] ___ ___ ___ .

Puzzle Title

___ ___   ___ ___ ___ ___**J**
  1   2   3   4   5   6

Find and circle or highlight these words in the puzzle below.

MAÑANA	SON LAS DOS	TARDE	AHORA
LA TARDE	LA MAÑANA	A LAS DOS	
RELOJ	HOY	A LA UNA	

```
L  T  A  Q  R  R  A  N  M  N  L  N  M  D  R  A  T  O  Q  A  L
R  R  A  N  Z  S  A  A  A  S  N  A  A  J  B  R  A  S  A  A  R
O  Q  E  A  O  O  S  A  Ñ  N  Ñ  S  A  A  A  B  H  T  D  A  A
N  A  Z  L  L  O  N  N  A  T  N  O  A  S  B  A  N  B  D  S  A
S  A  A  A  A  E  N  H  N  S  S  E  E  Ñ  L  O  S  A  Ñ  M  H
E  D  A  U  T  L  O  S  A  A  A  A  A  A  A  U  X  A  S  D  A
A  R  H  N  A  S  O  A  A  W  E  A  A  D  A  S  Y  O  D  R
N  A  O  A  R  S  A  R  K  W  A  A  E  X  X  A  A  A  A  A  R
T  R  Y  W  D  W  A  L  S  A  R  F  F  N  Y  X  O  A  W  X  R
A  L  O  Z  E  A  A  D  Ñ  Ñ  R  O  N  R  D  A  A  W  O  A  A
L  R  A  S  G  G  S  O  N  L  A  S  D  O  S  X  W  R  E  L  A
A  T  Ñ  A  R  A  A  T  A  L  S  T  Ñ  S  A  H  E  W  H  H  L
S  S  A  Y  S  A  H  O  H  A  Z  Y  N  A  D  A  A  A  D  M  N
D  L  A  H  H  O  A  A  U  M  A  A  A  D  Ñ  D  L  T  S  D  S
O  A  A  N  N  L  O  A  L  A  A  Y  N  U  T  O  L  A  O  M  T
S  H  T  T  N  S  A  O  A  Ñ  A  A  E  E  Z  J  O  A  O  L  A
F  O  A  A  Ñ  R  A  D  A  Ñ  F  S  A  A  D  A  L  Ñ  S  A
S  R  D  R  J  D  A  L  L  N  N  R  E  L  O  J  A  H  N  N
A  A  A  D  L  Ñ  R  O  G  A  H  R  S  Ñ  L  L  A  D  T  L  R
L  A  F  E  A  M  T  O  A  P  A  O  R  D  A  A  J  M  S  S  A
A  Ñ  O  E  L  H  A  S  O  F  A  S  Ñ  A  L  J  J  A  N  R  M
```

Puzzle 4 Palabras mezcladas

The vocabulary words are all mixed up! Use the word halves in the box below to piece the words back together again. Use each half only once.

re	loj	y	e la mañana	a l
de	ra	arde	Son las dos	añana
tar	a una	y media	aho	dos
Son las dos	menos cuarto	y cuarto	de la noche	ho
Son las dos	Son las dos	Son las dos	la t	Son las dos d
la m	Son las diez	menos cinco	de la tarde	Son las

1. _____

2. _____

3. _____

4. _____

5. _____

6. _____

7. _____

8. _____

9. _____

10. _____

11. _____

12. _____

13. _____

14. _____

15. _____

Each of the following school activities occurs at a different time. Read the clues below to determine at what time each one takes place. Fill in the chart using "S" for sí and "N" for no.

Claves:

1. La clase de ciencias no es por la mañana.
2. El almuerzo es a las doce y cuarto.
3. La clase de inglés no es a las dos y media.
4. La clase de ciencias es por la tarde.

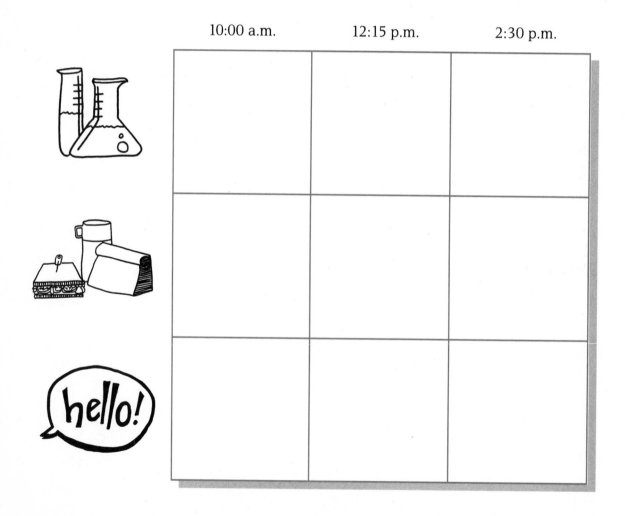

Complete the crossword puzzle using the Spanish word for each clue.

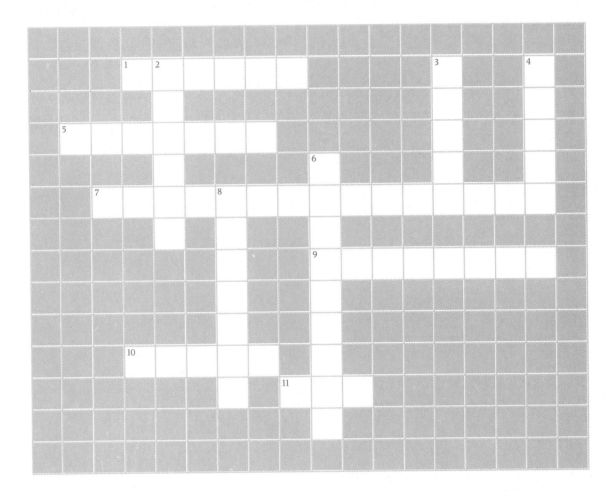

Down

2. at one o'clock (3 words)
3. late
4. now
6. It's two o'clock. (3 words)
8. at two o'clock (3 words)

Across

1. tomorrow
5. afternoon (2 words)
7. It's half past two. (5 words)
9. morning (2 words)
10. watch
11. today

Ana's days are filled with activities – both in school and in her free time. In this email, she tells you about her schedule. Much of her email is in picture form. When you come to a picture, read it as if it were a Spanish word or phrase.

Mis días son muy ocupados. es un día típico. Me despierto

 . A las siete y cuarto de  me lavo la

cara y los dientes. A las ocho como el desayuno. Como rápidamente para poder llegar a la

parada del autobús  . La clase de matemáticas es mi primera clase.

Comienza  . La clase de arte es .

Como mi almuerzo . Mi clase favorita, la educación física, es

 . Por  , hago mi tarea. Como la cena

y me acuesto a dormir a las nueve de  . ¡Qué día tan ocupado!

Chapter 7

Otras actividades

Puzzle 1 Ladrillos y letras

Find the word that matches the pictures below. Write one letter in each box until you complete each word.

VENDER	QUERER	COMER
BONITO	CORRER	BEBER

1.

2.

3.

4.

5.

6.

Write the words in Spanish. Then use the shaded letters to find the title of this puzzle. One letter has been done for you.

1. to want ___ ___ ___ ___ ___ ___
            1   2

2. to know ___ ___ ___ ___ ___
                    3

3. to learn ___ ___ ___ ___ ___ ___ ___ ___
           4

4. to run ___ ___ ___ ___ ___ ___
          5

5. to drink ___ ___ ___ ___ ___
                6

6. to understand ___ ___ ___ ___ ___ ___ ___ ___ ___ ___
                7

7. to eat ___ ___ ___ ___ ___
          8

8. to answer ___ ___ ___ ___ ___ ___ ___ ___
             9

Puzzle Title

¿ ___ ___ ___   H ___ ___ ___ ___ ___ ___ ?
  1   2   3   4   5   6   7   8   9

Puzzle 3 Buscapalabras

Find and circle or highlight these words in the puzzle below.

COMPRENDER	RESPONDER	COMER	VER
CREER	BONITO	CORRER	QUERER
LEER	MEDIO	BEBER	VENDER
SABER	APRENDER	CADA	

```
R C O E C O R R E R E R E D N O P S A R T R Q E R V
E S B E O R R E E N R R O D N E R P A S E L E E R B
E V B E C E R I D N E V L A E R R E E M C D B P R E
A E R E D N E R P A E V C B B B E E O C O R R E O I
E S R N D S E R M N A E E Q O V N C R O R E R R R T
E A E B I E O E O R R E S M E D I O B S E N O R R Q
B V B A C O E B I R R P R A B E E E A D C E E O U R
V R E E R C N A N E R E R V Y O R B O R R C B T R E
R E B M N S R S O C I R R O R B D R R E E C R T O M
E C C S E E E P B R B E B O R R U D Q V E S R L R E
R R D A I M E R E D N E R P M O C R P R R R E E R E
E B E M L R R E E D N I E O B O E L R R E C E R V R
U E A D D R O R R A B E S P N R D E E A M E M R N
Q R S N N P B I E B E E O L O R O P N D E D N E E E
E R E M E O O E D E K E E N N R R A A E N Q C D R R
O S D E E K P N R E R R P Q I T B R R E E U D N E R
L R N A I R D S C R E E I N U T E C P E N E N O E O
R N I E R A E U E R D M M H R V O M R R O R T D V R
D R C O M O R R H R L E E A V Q O U E A E O T A I E
R T R B L E S D L E C R C N A C V C D D B R A R R S
R E P O N E D R D O N C R E E R V B N M N E T R R O
```

The vocabulary words are all mixed up! Use the word halves in the box below to piece the words back together again. Use each half only once.

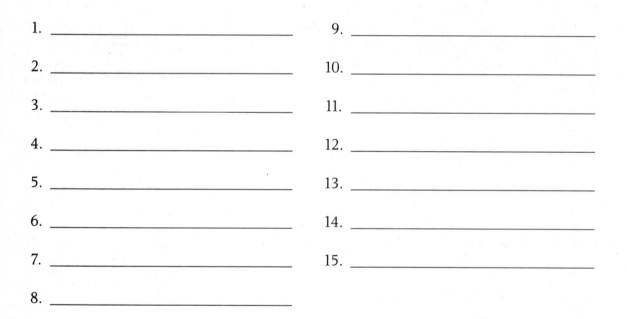

render	rer	nder	ber	da	be
boni	nder	ven	respo	corr	ap
cr	r	der	er	com	dio
er	me	er	le	ber	que
to	sa	ve	ca	eer	compre

1. _____

2. _____

3. _____

4. _____

5. _____

6. _____

7. _____

8. _____

9. _____

10. _____

11. _____

12. _____

13. _____

14. _____

15. _____

Read the clues below to determine what each person doesn't want or has to do. Fill in the chart using "S" for sí and "N" for no.

Claves:

1. Federico no quiere leer.
2. Federico tiene que comer la cena.
3. Lucia no quiere comer.
4. Estela necesita responder la pregunta.

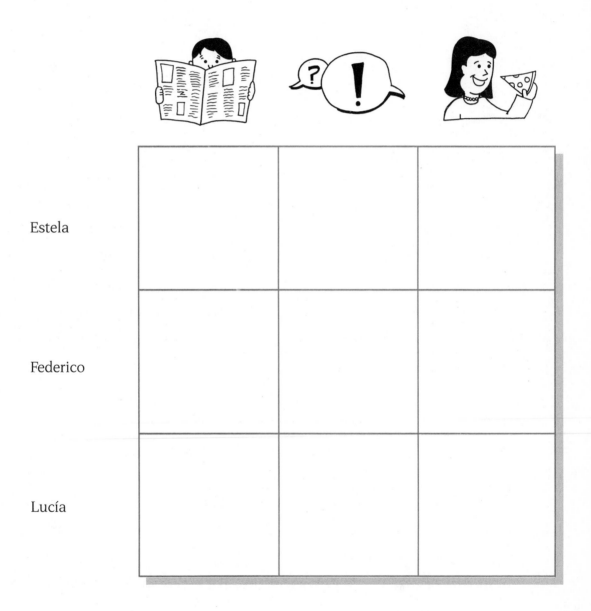

Puzzle 6 Crucigrama

Complete the crossword puzzle using the Spanish word for each clue.

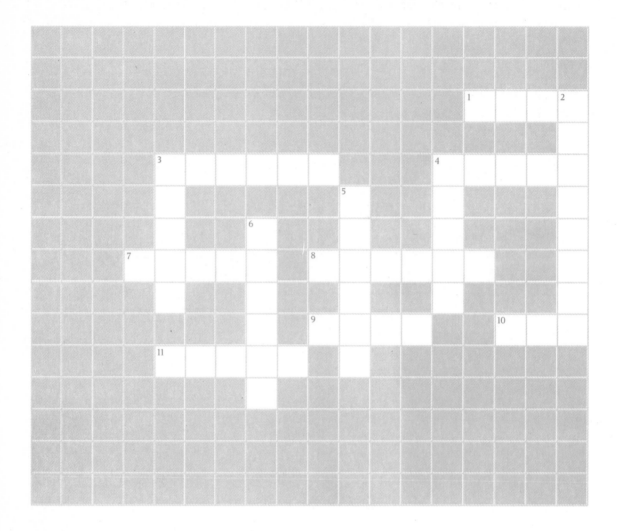

Down

2. to learn
3. to drink
4. to believe
5. to want
6. to run

Across

1. each
3. beautiful
4. to eat
7. half
8. to sell
9. to read
10. to see
11. to know

Ana has to balance her time between things she has to do and things she wants to do. Read this email about her chores and her free-time activities. Much of her email is in picture form. When you come to a picture, read it as if it were a Spanish word or phrase.

Cada día tengo cosas que quiero hacer y cosas que necesito hacer. Por la

tengo que un buen desayuno. Voy a la escuela donde necesito

comprender mucha información y 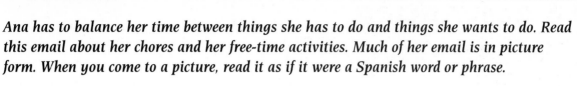 mis lecciones. Durante el almuerzo

tengo que leche y comer bien. Por la tarde, necesito

unos capítulos del libro de texto. Después de hacer mi tarea, me gusta

un poquito de televisión y mis mensajes de correo electrónico.

Si tengo tiempo, a veces voy a con mi perro Pico. Él es un animal muy

 . Mi día es ocupado, pero divertido. ¿Y tú? ¿Tienes mucho que hacer?

Chapter 8

La descripción

Puzzle 1 *El código secreto*

Help break this code. Using the key below, replace the code with the correct letters. For example, when you see the letter H, replace it with a C. When you see the letter Q, replace it with a Z. Do this for all the letters until you reveal each word. Good luck!

Code	C	E	F	H	I	J	L	M	N	P	Q	S	U	V	W	Y
Letter				C					R	A	Z	O			I	

1. PQUI _____

2. NUMWS _____

3. PEPNWIIS _____

4. CWVJS _____

5. MIPFHS _____

6. JSCVF _____

7. NSJS _____

8. HWULPL _____

9. NWHS _____

10. YSNLS _____

Write the words in Spanish. Then use the shaded letters to find the title of this puzzle. One letter has been done for you.

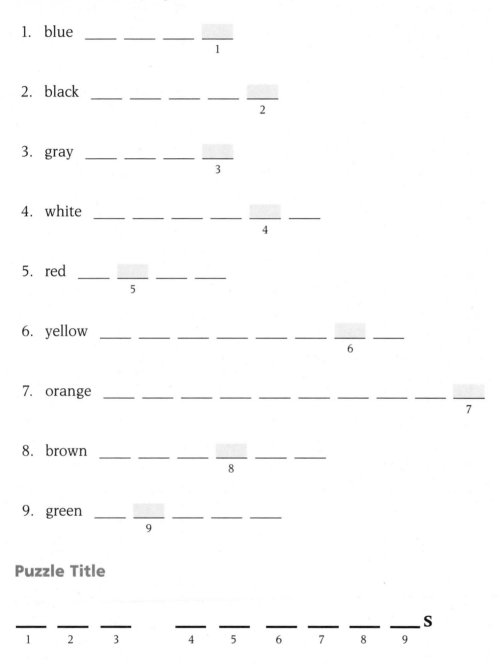

1. blue ___ ___ ___ ▢
   ⠀⠀⠀⠀⠀⠀⠀⠀⠀⠀1

2. black ___ ___ ___ ___ ▢
   ⠀⠀⠀⠀⠀⠀⠀⠀⠀⠀⠀⠀2

3. gray ___ ___ ___ ▢
   ⠀⠀⠀⠀⠀⠀⠀⠀⠀3

4. white ___ ___ ___ ___ ▢ ___
   ⠀⠀⠀⠀⠀⠀⠀⠀⠀⠀⠀⠀4

5. red ___ ▢ ___ ___
   ⠀⠀⠀⠀⠀⠀5

6. yellow ___ ___ ___ ___ ___ ___ ▢ ___
   ⠀⠀⠀⠀⠀⠀⠀⠀⠀⠀⠀⠀⠀⠀⠀⠀6

7. orange ___ ___ ___ ___ ___ ___ ___ ___ ▢
   ⠀⠀⠀⠀⠀⠀⠀⠀⠀⠀⠀⠀⠀⠀⠀⠀⠀⠀⠀7

8. brown ___ ___ ___ ▢ ___ ___
   ⠀⠀⠀⠀⠀⠀⠀⠀⠀⠀8

9. green ___ ▢ ___ ___ ___
   ⠀⠀⠀⠀⠀⠀⠀9

Puzzle Title

___ ___ ___ ⠀ ___ ___ ___ ___ ___ ___ **S**
 1 ⠀ 2 ⠀ 3 ⠀⠀⠀ 4 ⠀ 5 ⠀ 6 ⠀ 7 ⠀ 8 ⠀ 9

Find and circle or highlight these words in the puzzle below.

LEJOS DE	CIUDAD	DISCULPE	CORTO
FUERTE	LARGO	CERCA DE	BONITO
FEO	VERDE	RUBIO	POBRE
AZUL	VIEJO	BAJO	MUCHÍSIMAS GRACIAS

```
H B A M U C H Í S I M A S G R A C I A S S R T A I H
O A O S E J C O R T O C E E O C E R C A D E R D S R
T T I O O S E C R U O D T C T S O G E B P O A R C I
E E I A U V U R E E D R L P A R C J P C A U E S R E
N S E O E A E B D U O I A Z R I U E L J O I O O B Í
H I D U Z E Z I S C O K C R R O R E S O B U D U A C
U B A V I E J O O L G E O E D L O B F R P C M R V F
B E D C U T O I J F D S L H B L U I O O C J R R U T
E I I A I L O E E O F V E R D E C U B P O E O U I C
O E U O E F B C L M G U C E A R S R Z E P E B F R E
V J C U T O G R A L L C E D R O E A Í L D I O L N E
B U U L I E T B Z Í U O U R C O D E U U P O E E L U
V A C Z G D A I R I Z S R O T J P C A L O I J J I C
E I J A D J R R O U A Z U E C E S C U O R D S O C A
E R S O J D O I U F B C B I L I R C B Z C V P S L O
H I U O E U B O N I T O I F D E S I C I U D A D E V
J I G B I G M R I U B T O O F I E A R Z L E A E T B
O A Z I B G G L I R S G S B D I M P E E M T U E M O
H C P O R I Y S A I C A R G B S E M I S Í H C U M A
U S T O R S O A R A R P T B R E E E L O R G O H H R
R O R F E A Z D R C V O U E V C U R H C L R O L C G
```

The vocabulary words are all mixed up! Use the word halves in the box below to piece the words back together again. Use each half only once.

gracias	vie	cil	inteli	anaranj	re
jo	lí	jo	Disc	ado	rde
ande	ri	dad	ven	ciu	to
cor	gr	al	jo	jo	ro
co	ve	ulpe	az	la	ón
Muchísimas	difí	Para serv	bl	nue	de
cerca	io	vo	anco	rgo	ba
marr	gro	gente	fá	ne	fl
ul	pob	aco	irle	rub	cil

1. _____

2. _____

3. _____

4. _____

5. _____

6. _____

7. _____

8. _____

9. _____

10. _____

11. _____

12. _____

13. _____

14. _____

15. _____

16. _____

17. _____

18. _____

19. _____

20. _____

21. _____

22. _____

23. _____

24. _____

25. _____

26. _____

27. _____

Wilmer, Tomás, and Rafael each have a different look. Read the clues below to determine how each one looks. Fill in the chart using "S" for *sí* and "N" for *no*.

Claves:

1. Wilmer no tiene pelo largo.
2. Tomás es moreno.
3. Rafael es flaco.
4. Wilmer es rubio.
5. Tomás no tiene pelo corto.

Complete the crossword puzzle using the Spanish word for each clue.

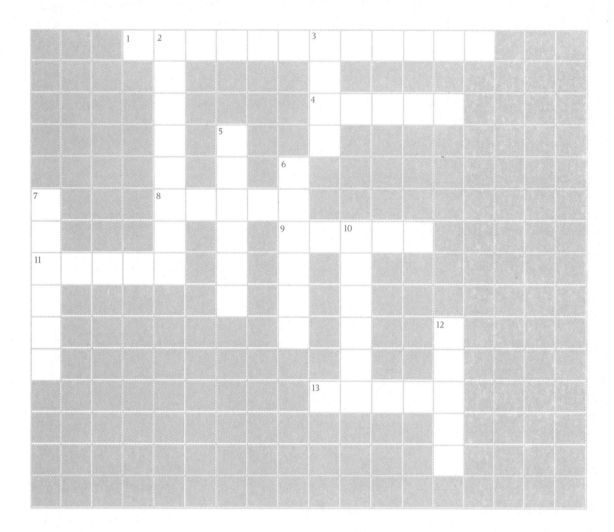

Down

2. yellow
3. red
5. brown
6. brunette
7. pretty
10. white
12. new

Across

1. At your service. (2 words)
4. young
8. long
9. blonde
11. black
13. poor

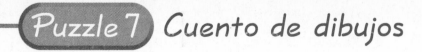

Puzzle 7 Cuento de dibujos

Ana loves to spend time with her friends. Her friends are all very different and unique. Read Ana's email description of her best friends. Much of her email is in picture form. When you come to a picture, read it as if it were a Spanish word or phrase.

¡Yo tengo los mejores amigos del mundo! Mi mejor amiga Gisela es .

Ella es 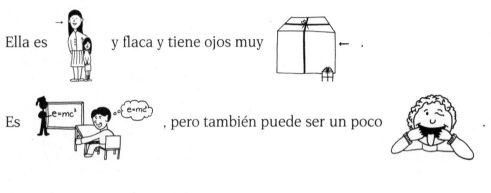 y flaca y tiene ojos muy ← .

Es , pero también puede ser un poco .

Mi amigo Rodrigo es bajo y un poco gordo. Es un

muchacho muy 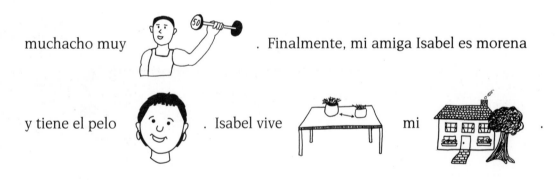 . Finalmente, mi amiga Isabel es morena

y tiene el pelo . Isabel vive mi .

¿Cómo son tus mejores amigos?

Chapter 9

Ser o no ser

Puzzle 1 · Ladrillos y letras

Find the word that matches the pictures below. Write one letter in each box until you complete each word.

ACTOR	ARTISTA	BUENO
PROFESOR	POLICÍA	ENFERMERO

1.

2.

3.

4.

5.

6.

Write the words in Spanish. Then use the shaded letters to find the title of this puzzle.

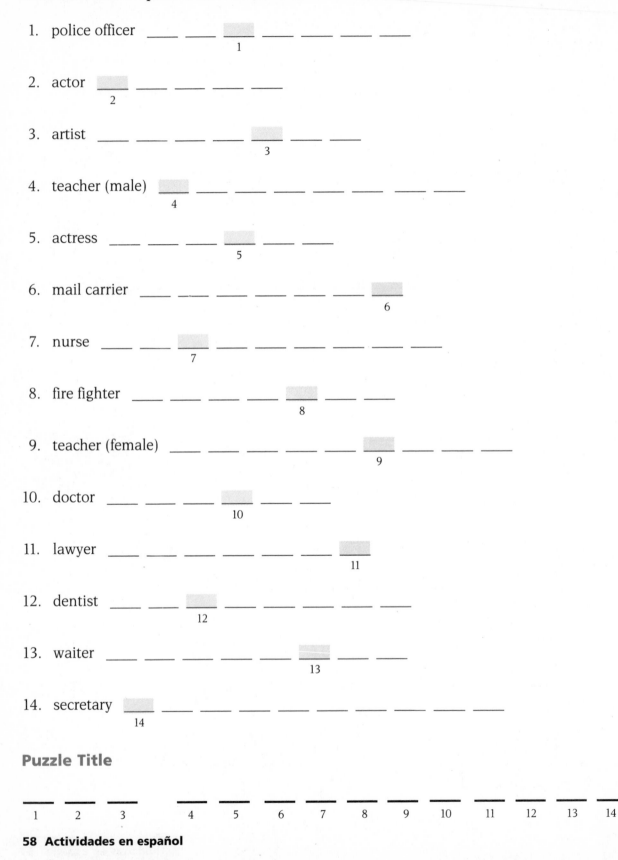

1. police officer ____ ____ ▨ ____ ____ ____ ____
   ₁

2. actor ▨ ____ ____ ____ ____
   ₂

3. artist ____ ____ ____ ____ ▨ ____ ____
   ₃

4. teacher (male) ▨ ____ ____ ____ ____ ____ ____ ____
   ₄

5. actress ____ ____ ____ ▨ ____ ____
   ₅

6. mail carrier ____ ____ ____ ____ ____ ____ ▨
   ₆

7. nurse ____ ____ ▨ ____ ____ ____ ____ ____
   ₇

8. fire fighter ____ ____ ____ ____ ▨ ____ ____
   ₈

9. teacher (female) ____ ____ ____ ____ ____ ____ ▨ ____ ____ ____
   ₉

10. doctor ____ ____ ____ ▨ ____ ____
    ₁₀

11. lawyer ____ ____ ____ ____ ____ ____ ▨
    ₁₁

12. dentist ____ ____ ▨ ____ ____ ____ ____ ____
    ₁₂

13. waiter ____ ____ ____ ____ ____ ▨ ____ ____
    ₁₃

14. secretary ▨ ____ ____ ____ ____ ____ ____ ____ ____ ____
    ₁₄

Puzzle Title

____ ____ ____ ____ ____ ____ ____ ____ ____ ____ ____ ____ ____
1   2   3   4   5   6   7   8   9   10   11   12   13   14

Find and circle or highlight these words in the puzzle below.

MÉDICO	ENFERMERO	SECRETARIO	CARTERO
ALEGRE	BUENO	PROFESORA	ABOGADO
ARTISTA	CAMARERO	ACTRIZ	SI
POLICÍA	DENTISTA	SECRETARIA	BOMBERO
SIMPÁTICO	PROFESOR	ACTOR	SOLAMENTE

```
O  O  L  S  L  S  I  T  Z  C  O  E  B  T  R  E  S  T  O  T  S  R  O  R  E
I  T  E  M  S  I  M  P  Á  T  I  C  O  N  E  R  A  A  O  T  M  O  E  S  O
A  R  T  S  S  B  I  O  S  E  E  O  T  R  A  T  A  B  O  R  C  M  A  A  O
L  P  C  E  E  S  B  R  T  E  A  S  T  C  A  R  F  O  E  A  N  T  C  T  R
P  N  E  C  T  O  A  E  T  S  T  T  R  M  P  M  I  G  I  R  R  C  S  A  F
I  O  T  R  A  G  A  O  R  T  T  R  C  D  A  É  I  A  C  R  R  C  T  L  T
I  R  Á  E  S  A  S  P  E  E  C  T  R  E  M  D  O  D  S  D  A  I  F  E  A
D  R  R  T  T  O  S  N  P  I  C  E  E  R  A  I  A  O  O  A  C  F  A  G  I
R  N  E  A  R  O  T  S  O  O  B  B  R  T  C  C  L  R  C  S  T  C  O  R  B
C  R  A  R  C  O  F  N  L  O  E  N  C  T  T  O  N  U  M  I  T  S  B  E  C
O  A  B  I  E  A  O  R  I  I  M  A  I  I  R  O  O  R  C  G  A  I  O  S  E
T  B  P  O  C  R  E  N  C  A  T  E  O  E  I  E  E  T  N  O  E  O  M  O  A
R  E  R  I  E  L  A  N  Í  E  T  E  S  R  Z  A  O  A  E  M  E  D  B  L  O
B  R  C  R  R  R  O  O  A  T  L  C  S  E  C  R  E  T  A  R  I  A  E  A  P
U  E  B  P  O  R  S  O  É  A  Á  A  A  O  T  E  T  I  P  P  M  T  R  M  O
E  P  R  R  I  E  S  E  O  I  L  N  P  R  E  A  O  I  B  E  S  E  O  E  E
N  C  S  O  D  A  R  T  I  S  T  A  B  O  R  B  I  I  G  S  R  N  I  N  R
O  A  C  F  E  R  S  T  A  R  P  T  I  E  C  O  E  G  S  R  N  F  A  T  B
R  R  T  E  N  O  T  P  R  O  F  E  S  O  R  E  E  R  I  R  E  E  A  E  A
C  T  O  S  T  O  S  O  T  E  T  I  A  D  B  T  O  T  R  R  M  R  O  R  I
E  E  R  O  I  R  O  A  R  I  C  N  L  T  A  D  T  N  D  S  R  M  T  O  R
I  R  E  R  S  A  O  M  A  I  O  O  M  N  C  A  C  O  A  R  I  E  T  M  Z
O  O  T  A  T  T  E  S  A  P  M  N  F  E  F  C  I  O  S  S  A  R  I  M  R
E  A  T  T  A  R  B  C  A  M  A  R  E  R  O  A  C  T  O  R  M  O  E  A  F
```

Palabras mezcladas

The vocabulary words are all mixed up! Use the word halves in the box below to piece the words back together again. Use each half only once.

esora	eno	tista	or	solame	simpá
ro	tico	se	profes	prof	
ria	ac	secreta	méd	ar	
secreta	bu	rmero	rio	gado	
bom	ro	camare	bero	r	
tista	pol	icía	enfe	ico	
den	nte	tor	abo	carte	

1. _____

2. _____

3. _____

4. _____

5. _____

6. _____

7. _____

8. _____

9. _____

10. _____

11. _____

12. _____

13. _____

14. _____

15. _____

16. _____

17. _____

18. _____

Fabio, Elisa, Octavio, and Luz each have a different job. Read the clues below to determine what each person's profession is. Fill in the chart using "S" for sí and "N" for no.

Claves:

1. A Fabio le gusta pintar.
2. Elisa trae el correo.
3. Octavio trabaja en el teatro.
4. Luz es policía.

Fabio			
Elisa			
Octavio			
Luz			

Complete the crossword puzzle using the Spanish word for each clue.

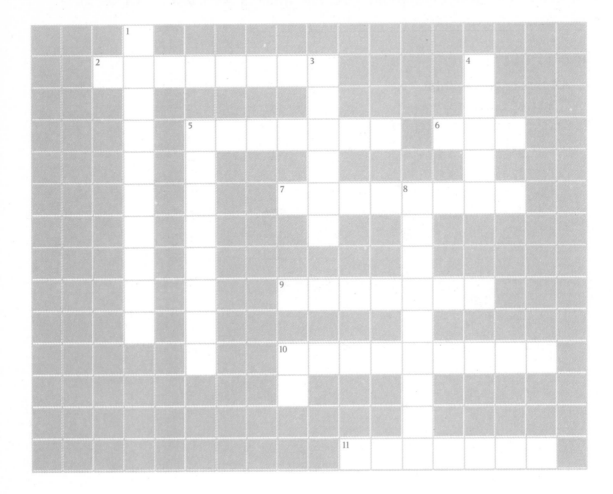

Down

1. secretary (f.)
3. happy
4. good
5. waiter
8. nurse
10. if

Across

2. dentist
5. mail carrier
6. to be
7. teacher (m.)
9. fire fighter
10. only
11. lawyer

Ana's friends and family have some interesting jobs. Read this email about their professions. Much of her email is in picture form. When you come to a picture, read it as if it were a Spanish word or phrase.

Mi padre es 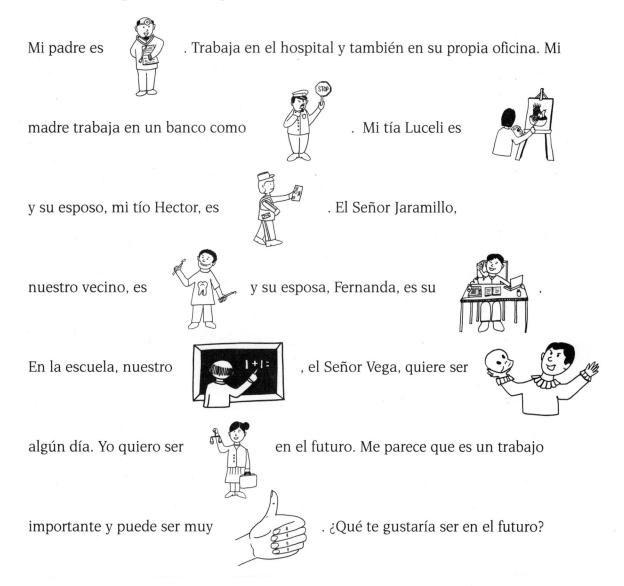. Trabaja en el hospital y también en su propia oficina. Mi madre trabaja en un banco como . Mi tía Luceli es y su esposo, mi tío Hector, es . El Señor Jaramillo, nuestro vecino, es y su esposa, Fernanda, es su . En la escuela, nuestro , el Señor Vega, quiere ser algún día. Yo quiero ser en el futuro. Me parece que es un trabajo importante y puede ser muy . ¿Qué te gustaría ser en el futuro?

Chapter 10

Más actividades

Puzzle 1 El código secreto

Help break this code. Using the key below, replace the code with the correct letters. For example, when you see the letter I, replace it with an O. When you see the letter M, replace it with an I. Do this for all the letters until you reveal each word. Good luck!

Code	A	D	G	I	J	K	L	M	O	R	S	X	Y	Z
Letter				O	T			I		V	E			C

1. OMOML RY _____

2. KMOMKML _____

3. JMRYKA _____

4. RXZLMDML _____

5. KRXZLMDML _____

6. LRZMDML _____

7. ZISMKA _____

8. XGDML A _____

9. OMOML _____

10. ADLML _____

Puzzle 2 Acróstico

Write the words in Spanish. Then use the shaded letters to find and answer the puzzle question.

1. to describe ▨ __ __ __ __ __ __ __ __

           1

2. food __ ▨ __ __ __ __

        2

3. store __ __ __ ▨ __ __

        3

4. to divide __ __ __ __ ▨ __ __

          4

5. to write ▨ __ __ __ __ __ __ __

     5

6. to live ▨ __ __ __ __

     6

7. to cover __ __ __ __ ▨ __

        7

8. to live in __ __ ▨ __ __   ▨ __

        8   9

9. to get on ▨ __ __ __ __   __

    10

Puzzle Question

¿ __ __ __ __ __   __ __ __ __ __ ?

  1   2   3   4   5   6   7   8   9 10

Vivo en_____ .

Find and circle or highlight these words in the puzzle below.

DESCRIBIR	DIVIDIR	VIVIR	TIENDA
ABRIR	SUBIR	CUBRIR	SUBIR A
ESCRIBIR	RECIBIR	VIVIR EN	COMIDA

```
I I I C C B V R I R V S V I I R I D R I C N I I R I
D E S C R I B I R I R U R I C M C R R R R I R T R E
S R B I V S B I R W A R A I U W U B R D E R E I R B
Y T D A B C C O I B B P D D B R A R B I D A C W B B
I M B I S R S I B B R C I I R R R I E E W R E B I
R A V R V R N I R I R R U D I B D U U U M I I I R W
I D R I A I R V B I I O I I R R A R D I E I B I E C
B N U E B B D U I R D B N E H R I V I V C R I C I A
U I I V B A S I M B D I I V I D I R I V W I R W R E
S E D A I I R A R R I V I I V R M E I R B I C U B I
I T R M R B C A D N E I T B I C D V C B B D R O I V
R I M A I I I E S I I D R B I I I N S I R E D U E B
I R R I I E V V R I B D W I O R R D R E N V N C I O
R R C A U B R C I I R W U B W S E C R E C I B I R B
B I I I S R U I O V I B S I I R S R I U I I R E I A
N S I I I I T S I B I R N B T E I C R C E O I W R A
I I S R V I I B S B R R R E B C T E R R E M A R B S
I R R B V R I I I B I A I I E I V D I B I S I I A M
C C O M I D A V D R I S R V B I I D E C R I B I R B
W I E D D I U U S B R R V U M C U R I I C N I B I B
R V B R I T A S C D O B N I R B V B T V E R S C D R
```

Palabras mezcladas

The vocabulary words are all mixed up! Use the word halves in the box below to piece the words back together again. Use each half only once.

ir	abr	bir a	escr	descri	cubr
ibir	vir en	viv	enda	vi	ir
ibir	sub	rec	su	com	ida
dir	ti	bir	ir	ir	divi

1. _____

2. _____

3. _____

4. _____

5. _____

6. _____

7. _____

8. _____

9. _____

10. _____

11. _____

12. _____

A letter is being sent through the mail. Read the clues below to determine who does each action. Fill in the chart using "S" for sí and "N" for no.

Claves:

1. Teresa escribe una carta a su prima, Patricia.
2. El papá de Teresa camina al correo para mandar la carta.
3. La madre de Patricia recibe la carta.
4. Patricia abre el sobre y lee la carta.

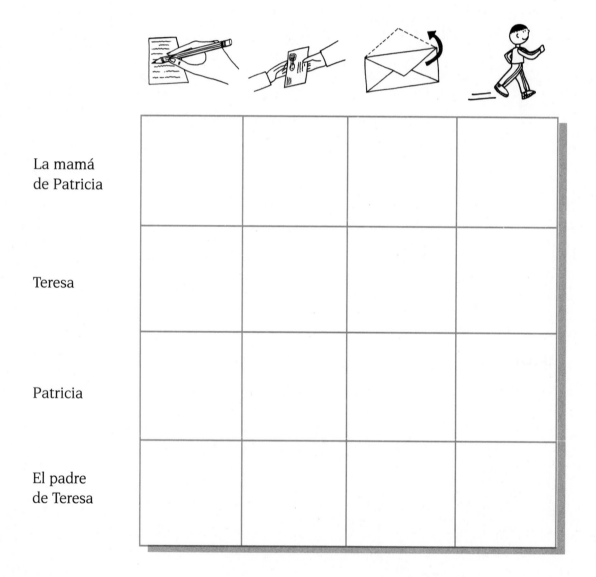

Complete the crossword puzzle using the Spanish word for each clue.

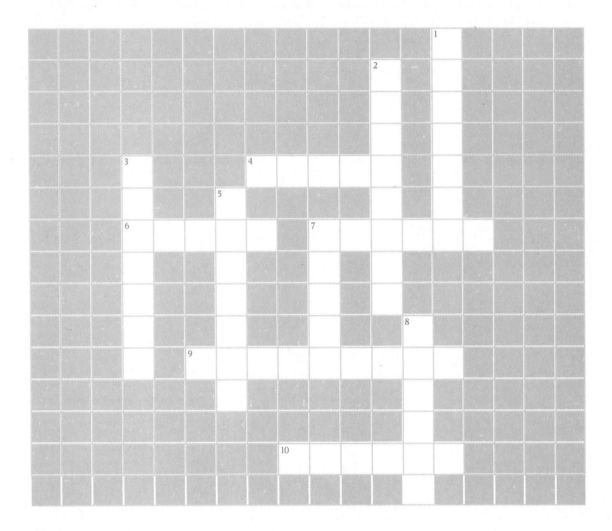

Down

1. to receive
2. to write
3. to split
5. to live in (2 words)
7. to go up
8. store

Across

4. to open
6. to live
7. to get on (2 words)
9. to describe
10. food

Ana loves to send and receive mail. She sends letters and packages through the mail and on the computer. Read this email about her activities. Much of her email is in picture form. When you come to a picture, read it as if it were a Spanish word or phrase.

¡Me encanta mandar y 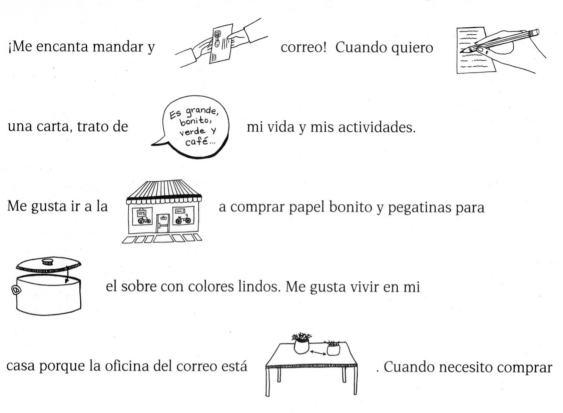 correo! Cuando quiero

una carta, trato de mi vida y mis actividades.

Me gusta ir a la a comprar papel bonito y pegatinas para

el sobre con colores lindos. Me gusta vivir en mi

casa porque la oficina del correo está . Cuando necesito comprar

más estampillas, no más tengo que autobús para ir al correo. Pero

lo que más me fascina es las cartas y los paquetes cuando me llegan a

la casa. ¡A veces mi tía Laura me manda paquetes con  como galletas

o pasteles!

Chapter 11

¿ Cómo está usted?

Puzzle 1 El código secreto

Help break this code. Using the key below, replace the code with the correct letters. For example, when you see the letter G, replace it with an S. When you see the letter L, replace it with an F. Do this for all the letters until you reveal each word. Good luck!

Code	B	D	E	F	G	H	J	L	N	O	P	Q	S	T	U	W	Z
Letter	**T**		**E**		**S**	**O**		**F**		**D**							

1. UH EGBHU WPET   _____

2. ETBJNON   _____

3. THZQE   _____

4. ZJEH DFE TH   _____

5. EGBNJ   _____

6. UH EGBHU BJPGBE   _____

7. EGBHU SPWJE   _____

8. GEJ   _____

9. LNBNS   _____

10. ZHTBETBH   _____

Puzzle 2 Acróstico

Write the words and phrases in Spanish. Then use the shaded letters to find and answer the puzzle question.

1. I don't think so. ▭ ___ ___ ___   ___ ___ ___   ___ ___.
   1

2. night ___ ▭ ___ ___ ___
   2

3. nice ___ ___ ▭ ___ ___ ___ ___ ___
   3

4. Saturday ___ ___ ___ ___ ___ ▭
   4

5. I'm sad. ___ ___   ▭ ___ ___ ___ ___
   5
   ___ ___ ___ ___ ___ ___.

6. I'm O.K. ___ ___   ___ ▭ ___ ___ ___
   6
   ___ ___ ___ ___.

7. horrible, bad ___ ___ . ▭ ___ ___
   7

8. to be (temporary or location) ___ ___ ___ ▭ ___
   8

9. to be (permanent characteristic) ▭ ___ ___
   9

Puzzle Question

¿ ___ ___ ___ ___   ___ ___ ___ ___ ___?
  1   2   3   4   5   6   7   8   9

Yo estoy _____.

Puzzle 3 Buscapalabras

Find and circle or highlight these words in the puzzle below.

ENTRADA	FATAL	YO ESTOY TRISTE	ESTAR
NOCHE	YO ESTOY BIEN	ESTOY LIBRE	
SÁBADO	CREO QUE NO	SER	

```
S T I N W R R E T R T Y H N A W N B L S S I E O G
O U O O C T D D N Á T S I I S H A T E N R E S M R
H O O C O R L A T O O E S C E E F N Q O E O N E T
R C E H Y E T B Q S E E E F A T Á E S T Y Y Á T S
A T E E C E B E R B N B T D J T F Y R R E L M C Y
L Á E U A E R I I N O Y B Y L O D L S B E E E T T
C O S T E N T R A D A Z A I T E I S U O Y Y B A V
S D C S E S T T T Y Á S E R E E K C E O O E E H E
C E R U E E S O Q I O B T A E O B Y E Y E S S R O
E Y E O S B E C A I A Q S E D Y R I T A S S T O P
S F B T T T E R Y L E Y E O Y H D R S E T S O N E
C F S S A R N I I H T G O A E A B T R E O D Y N N
L A C N R E D N S R T N S H R A A S Á E Y A L C O
O T B R E A R B O E S G O R E I Á O T E B E I D E
F A Y O E S T O Y T R I S T E T E R R T I N B E S
L L O T O N L B T E D A B Á T N N S E W E C R N S
R R E U Á S R T S W A D U Q A T T R O I N R E E E
S L S C S R H D R F A T C F T S T R T E V E E O E
Á R N O E S J O E V S L N T Á Q R E R S N Y Q T L
B O C R E O Q U E N O T O G N T S Q R O Z R T E B
A C Y F B E A F T Y S N Y C R A R E O N R T I A A
D S B O E S O T O E Y B O N Y N E S E U A O D C E
O O J I R O N R I A E T T O N N T B Y Á S I M L N
T O C Y L H E A I Y E E R N E R H M O E C R E O A
U T O S R Y T M E F D O Y O E E A I O Y T E Q R B
```

Palabras mezcladas

The vocabulary words are all mixed up! Use the word halves in the box below to piece the words back together again. Use each half only once.

que no	er	iste	ar	Creo
tal	Yo estoy tr	ada	Estoy	libre
entr	sáb	y bien	est	che
Yo esto	fa	ado	no	es

1. _____   6. _____

2. _____   7. _____

3. _____   8. _____

4. _____   9. _____

5. _____   10. _____

Puzzle 5 Cuadro de lógica

Mariano, Isabelita, Catarina, and Maritza each are described in a different way. Read the clues below to match each person to the description. Fill in the chart using "S" for sí and "N" for no.

Claves:

1. Mariano no está mal.
2. Isabelita está libre.
3. Catarina está horrible.
4. Maritza está triste.

Mariano			
Isabelita			
Catarina			
Maritza			

Puzzle 6 Crucigrama

Complete the crossword puzzle using the Spanish word for each clue.

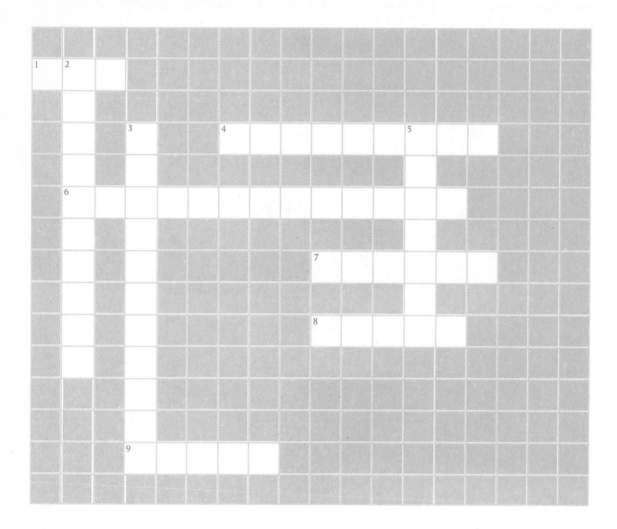

Down

2. I'm off. (2 words)
3. I'm O.K. (3 words)
5. ticket

Across

1. to be (permanent characteristic)
4. I don't think so. (3 words)
6. I'm sad. (3 words)
7. Saturday
8. to be (temporary or location)
9. night

Ana also enjoys text messaging with her best friend, Gisela. Read this transcript of a recent conversation between Ana and Gisela. Much of the conversation is in picture form. When you come to a picture, read it as if it were a Spanish word or phrase.

Ana: Hola, Gisela. ¿Cómo estás?

Gisela: Yo 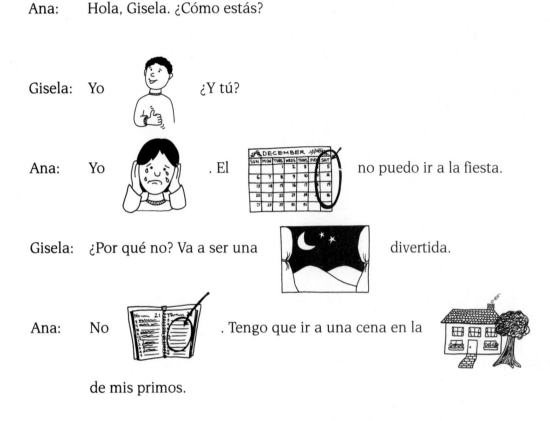 ¿Y tú?

Ana: Yo ⬚ . El ⬚ no puedo ir a la fiesta.

Gisela: ¿Por qué no? Va a ser una ⬚ divertida.

Ana: No ⬚ . Tengo que ir a una cena en la ⬚

de mis primos.

Gisela: ¿No puedes ir más tarde a la fiesta después de la cena?

Ana: Creo que no. No hay tiempo. Me siento

Gisela: Lo siento mucho, Ana. Nos vemos más tarde. Adiós.

Chapter 12

¿Cuál es la fecha de hoy?

Puzzle 1 El código secreto

Help break this code. Using the key below, replace the code with the correct letters. For example, when you see the letter C, replace it with an N. When you see the letter M, replace it with an E. Do this for all the letters until you reveal each word. Good luck!

Code	B	C	E	F	J	K	L	M	N	O	P	Q	R	T	U	V	X	Y	Z
Letter		N						E						A	R	O		M	

1. ZMNUMUV _____

2. ZMRQT _____

3. YTUOV _____

4. TBVPLV _____

5. PTNTKV _____

6. KJRJMYNUM _____

7. YTEV _____

8. CVFJMYNUM _____

9. VRLXNUM _____

10. MCMUV _____

Puzzle 2 Acróstico

Write the words in Spanish. Then use the shaded letters to find the title of this puzzle.

1. January ___ ___ ___ ___ ___
   1

2. April ___ ___ ___ ___ ___
                        2

3. Wednesday ___ ___ ___ ___ ___ ___ ___ ___ ___
                              3

4. week ___ ___ ___ ___ ___ ___
                        4

5. Monday ___ ___ ___ ___ ___
         5

6. February ___ ___ ___ ___ ___ ___ ___
                  6

7. Friday ___ ___ ___ ___ ___ ___ ___
                        7

8. day ___ ___ ___
      8

9. May ___ ___ ___ ___
          9

10. first ___ ___ ___ ___ ___ ___ ___
              10

11. July ___ ___ ___ ___ ___
               11

12. today ___ ___ ___
           12

Puzzle Title

___ ___   ___ ___ ___ ___ ___ ___ ___ ___ ___ ___
 1   2   3   4   5   6   7   8   9 10 11 12

Find and circle or highlight these words in the puzzle below.

JUEVES	LUNES	ABRIL	MIÉRCOLES
DICIEMBRE	DÍA	ENERO	MAYO
SEMANA	MARZO	FECHA	AGOSTO
HOY	JULIO	FEBRERO	NOVIEMBRE
JUNIO	OCTUBRE	SÁBADO	
PRIMERO	VIERNES	SEPTIEMBRE	
MARTES	DOMINGO	FIN DE SEMANA	

```
I S C U U J U R I E H B M G O E E S F L R U A R E S J
S S O M N E P R N O C S N I M I O E I U M M A O M S O
T L M O D É U E A É M O Y O R I E R A N P R M R A T E
E E M A M F M O G M A Z M G O F B W Y E R E D A O O A
F N M J U E V E S I I M U I U M T O E S I T A S S S S
A V M W S N Í O D O M I N G O E E B M D M R E N O S E
B N N A E R O J U N I O J V A I M A Á F E I L S M H A
E E E E M R F B O M A B É I B G R O E O R M O E R O S
E A I R A B I E N M S E S E I E O E C I O A B R I L R
D T A E N O N D A S S N O R V E O S E D E Y B D V S I
E R B U A B D Y E E I O Z N I A L G F S F O O E O L O
E U P E M N E E A B A V O E S N R L I C E E M S M N M
S E C O C E S R O R D I A S S R M U O O N A I I I R O
B C U I D C E Y M A Í E M F M C A O G E E H A E É G R
J D I O Y E M P M G A M B E E H R A M A R Z O E R E E
U I E E H R A E O O R B F B J O T I R E O L S S C V J
L C B O S N N S U S T R E R V Y E I P R N E I O O A I
I I N S O E A A A T U E C E D T S N O L S O I O L V E
O E E E E E N H I O I R H R U C M R T M D M M T E D Í
O M E N A R A C R V S E A O O C T U B R E T A M S E A
E B E D S F Á M R I H A L R Y U Í I B M O C J M S M O
B R L M R Z I M E A J S E P T I E M B R E E R C E T N
A E R D E D I C A D S Á B A D O Z N E C M O Y R N A V
```

Puzzle 4 — Palabras mezcladas

The vocabulary words are all mixed up! Use the word halves in the box below to piece the words back together again. Use each half only once.

bre	dom	tes	fec	ag	d
mar	mar	prime	oct	dici	vier
osto	noviem	ingo	ju	il	bado
ma	ía	lio	les	nes	
fin de	yo	nes	ene	oy	
ubre	ro	bre	lu	se	
febre	ha	ro	sá	miérco	
embre	jue	h	zo	abr	
ro	ves	semana	mana	septiem	

1. _____

2. _____

3. _____

4. _____

5. _____

6. _____

7. _____

8. _____

9. _____

10. _____

11. _____

12. _____

13. _____

14. _____

15. _____

16. _____

17. _____

18. _____

19. _____

20. _____

21. _____

22. _____

23. _____

24. _____

Diana, Luis, César, and Ramón each are going on a different date. Read the clues below to determine when each person has one. Fill in the chart using "S" for sí and "N" for no.

Claves:

1. Diana no tiene la cita durante el fin de semana.
2. Luis no tiene la cita el primer día de la semana.
3. César tiene su cita en el medio de la semana.
4. Ramón tiene una cita el sábado.

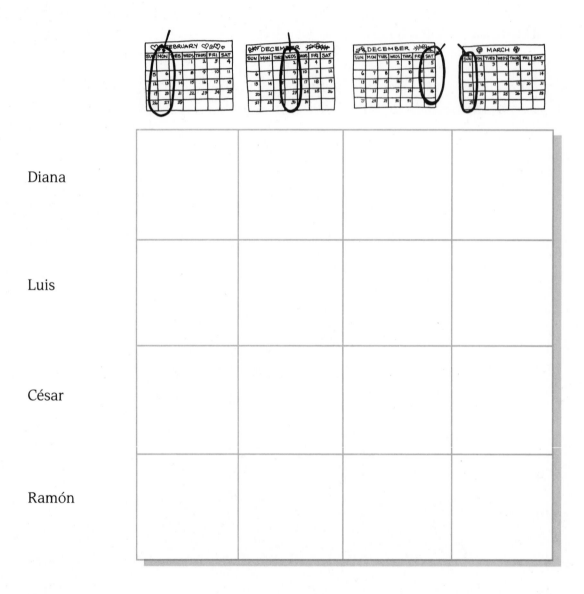

Complete the crossword puzzle using the Spanish word for each clue.

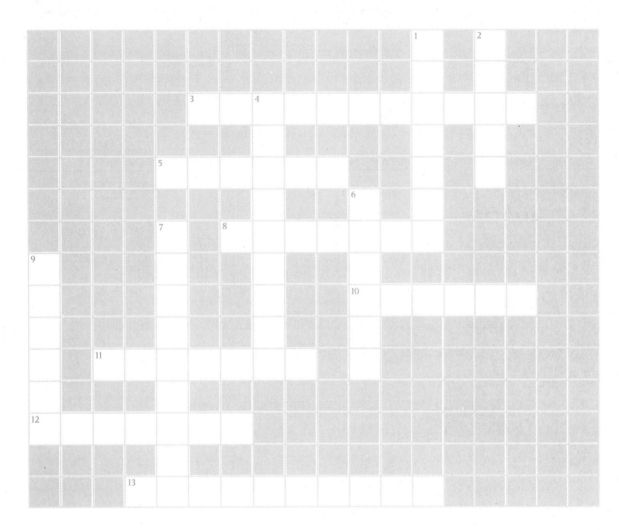

Down

1. Sunday
2. Monday
4. November
6. week
7. December
9. Saturday

Across

3. weekend (3 words)
5. Thursday
8. February
10. August
11. Friday
12. October
13. September

Ana has a super-busy week. Read this email in which she describes her week. Much of the email is in picture form. When you come to a picture, read it as if it were a Spanish word or phrase.

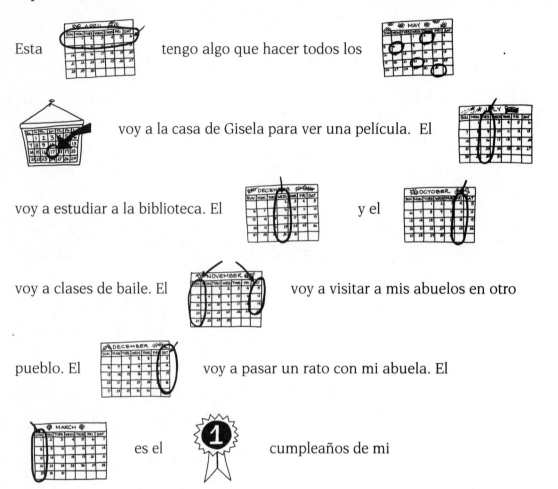

Esta [APRIL] tengo algo que hacer todos los [MAY] .

[basket/APRIL] voy a la casa de Gisela para ver una película. El [JULY] ,

voy a estudiar a la biblioteca. El [DECEMBER] y el [OCTOBER]

voy a clases de baile. El [NOVEMBER] voy a visitar a mis abuelos en otro

pueblo. El [DECEMBER] voy a pasar un rato con mi abuela. El

[MARCH] es el [1] cumpleaños de mi

primita, Juliana y vamos a tener una fiesta. ¿Qué haces tú esta semana?

Chapter 13

El cuerpo

Puzzle 1 Ladrillos y letras

Find the word that matches the pictures below. Write one letter in each box until you complete each word.

| TENER SUERTE | TENER HAMBRE | OREJA |
| NARIZ | TENER SED | DEDO |

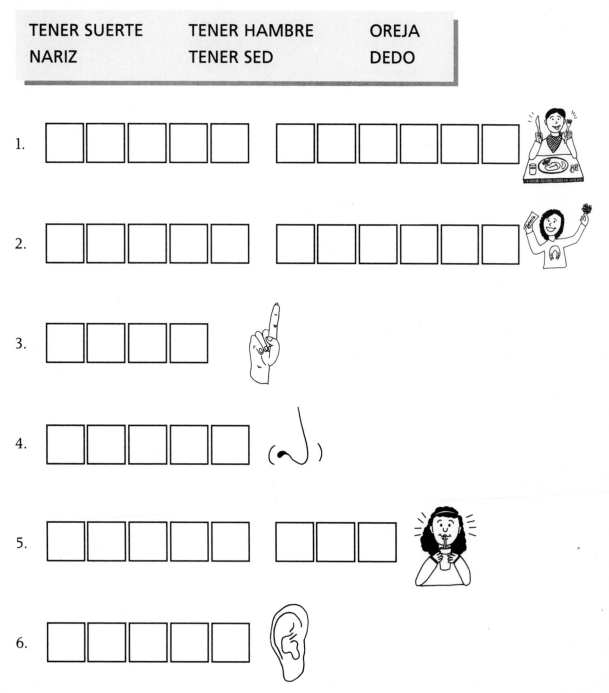

1.

2.

3.

4.

5.

6.

Write the words in Spanish. Then use the shaded letters to find the title of this puzzle.

1. teeth ____ ____ ____ ____ ____ [1] ____

2. lips [2] ____ ____ ____ ____ ____

3. head [3] ____ ____ ____ ____ ____

4. tongue ____ ____ ____ ____ [4] ____

5. foot ____ ____ [5]

6. heart ____ ____ [6] ____ ____ ____ ____

7. hair [7] ____ ____ ____

8. mouth ____ [8] ____ ____

9. chest ____ ____ ____ [9] ____

10. neck ____ [10] ____ ____ ____ ____

11. hand [11] ____ ____ ____

12. arm ____ ____ [12] ____ ____

13. leg ____ ____ ____ ____ [13] ____

14. eye [14] ____ ____

Puzzle Title

____ ____ ____ ____ ____ ____ ____ ____ ____ ____ ____ ____ ____ ____
1   2   3   4   5   6   7   8   9   10   11   12   13   14

Find and circle or highlight these words in the puzzle below.

TENER GANAS DE	PECHO	CUERPO	TENER FRÍO
TODAVÍA	PELO	LABIOS	DEDO
CUELLO	VIDA	BOCA	NARIZ
TENER RAZÓN	DIENTES	TENER MIEDO DE	TENER SUERTE
NO TENER RAZÓN	OREJA	TENER SUEÑO	OJO
SOLO	CABEZA	PIERNA	TENER QUE
BRAZO	CORAZÓN	TENER	LENGUA
MANO	TENER HAMBRE	PIE	ESTÓMAGO
TENER SED	CARA	TENER CALOR	

```
E T B D T E N E R S E D R T T A C V V P I E R N A Z D S T T
N R R O N D R N A H O E E E L E L E N G U A S U S U Z T C E N
G E A E C U E L L O R N D E G N I O P E L O M V T E E Ó U N S
S C Z E A E E E O A E T I Z D E T D I E N T E S E T M T E E L
E N O T N E T I Z D J E E R O R C N E Z E N T Z N E E H R R E
E T G N E S U C A T A N R E N R A T H G T A R L E N I R P S E
N G Ñ A T T I O T R Ñ E O J O A R O T T E E T L R E O N O U A
C R Y R E Ó E R E D A R S O T Z A C E N N I D Z G R A A E E E
Q Y T I O M B A N P I E O N E Ó E A N E E U E R A M I G O R E
E E E Z S A O Z E A N E L T N N M H E E R Q Z E N I R E P T E
E T N D P G C Ó R T U O O U E L E L R T F A H L A E J C U E A
O L E U E O A N C E S E A M R A N M S O R R R Z S D E E N Y L
R A R H C V E E A N E T E D R O R A U A Í P R S D O E T E H T
E B H L H I Z R L E D E D O A S R N E S O N M O E D E R B E A
R I A D O D S R O R Í P N O Z R R O Ñ E Q C L E Y E O N U I E
M O M Z C A N Z R Q N O N O Ó N B A O J T E U L E R E S N Z S
D S B S H B A P R U N I R B N L U I P E T E K E G E E S N Q S
S E R A C U C N A E K O J O I D T E Y E R U Q W T A B O S E B
T L E E R A E R N Ñ A E Q G A P O A C A B E Z A N Q A N E E
B U E L S R L P C L N A T R I Ó T O D A V Í A K N Z C P B O N
N O T V Z R L M T Q L R O R U A N A D T N K M T R R A Z K L A
```

Puzzle 4 Palabras mezcladas

The vocabulary words are all mixed up! Use the word halves in the box below to piece the words back together again. Use each half only once.

azo	suerte	erpo	p	ho	ra
erna	dien	eja	tener	tes	er
tener c	ca	coraz	alor	or	ómago
ios	razón	iz	pi	to	cu
lo	pec	ngua	ca	que	eza
tener	tener	nar	da	sueño	cab
ie	br	vi	est	ón	no tener
lab	razón	do	so	de	
bo	ten	tener	le	davía	

1. _____
2. _____
3. _____
4. _____
5. _____
6. _____
7. _____
8. _____
9. _____
10. _____
11. _____
12. _____
13. _____

14. _____
15. _____
16. _____
17. _____
18. _____
19. _____
20. _____
21. _____
22. _____
23. _____
24. _____
25. _____
26. _____

Read the clues below to match each person to the appropriate action. Fill in the chart using "S" for sí and "N" for no.

Claves:

1. Rafaela quiere tomar algo.
2. ¡José ganó la lotería!
3. Armando no tiene calor.
4. Julio vio una película de horror.

Rafaela				
José				
Armando				
Julio				

Puzzle 6 Crucigrama

Complete the crossword puzzle using the Spanish word for each clue.

Down

1. tongue
2. leg
3 head
4. to be -- years old (3 words)
5. heart
6. to be sleepy (2 words)
8. life

Across

4. to be hungry (2 words)
7. yet
9. to be warm (2 words)
10. face
11. to be lucky (2 words)
12. arm

Ana doesn't feel well today. Read this email she wrote to her teacher about what parts of her body hurt her. Much of her email is in picture form. When you come to a picture, read it as if it were a Spanish word or phrase.

Querida profesora:

Hoy estoy en casa porque estoy enferma. ¡   y también   !

Me duele   ,   y   . También

me duele   porque no he comido nada. La verdad es que me duele todo

. Voy a ir al doctor si mañana me duele todo todavía. Ahora me voy a

dormir porque   .

faltar mucho a   , pero necesito descansar.

Atentamente, Ana

Chapter 14

¿Qué tiempo hace?

Puzzle 1 El código secreto

Help break this code. Using the key below, replace the code with the correct letters. For example, when you see the letter E, replace it with a V. When you see the letter N, replace it with a T. Do this for all the letters until you reveal each word. Good luck!

Code	A	B	C	D	E	F	G	H	I	J	K	M	N	O	P	Q	S	T	Y	Z
Letter		E		D	V						A		T				H			

1. EBYDB _____

2. MFBEK _____

3. GK MKEFDKD _____

4. OBMNB _____

5. SKJB CHBM NFBTQP _____

6. HM QPJP _____

7. BG DFK DB GK YKAK _____

8. SKJB IYBZJP _____

9. SKJB JKGPY _____

10. SKJB IYFP _____

Write the words and phrases in Spanish. Then use the shaded letters to find and answer the puzzle question. The first word has been done for you.

1. It's bad weather. ____ ____ ____ ____   ____ ____ ____

   ____ ____ ____ ____ ____ ____ .
   1

2. winter ____ ____ ____ ____ ____ ____ ____ ____
   2

3. It's raining. ____ ____ ____ ____ ____ ____ .
   3

4. spring ____ ____ ____ ____ ____ ____ ____ ____ ____
   4

5. a little ____ ____   ____ ____ ____ ____
   5

6. fall ____ ____ ____ ____ ____
   6

7. It's windy. ____ ____ ____ ____   ____ ____ ____ ____ ____ ____ .
   7

8. It's sunny. ____ ____ ____ ____   ____ ____ ____ .
   8

9. It's hot. ____ ____ ____ ____   ____ ____ ____ ____ ____ .
   9

10. It's snowing. ____ ____ ____ ____ ____ .
   10

11. It's cool. ____ ____ ____ ____   ____ ____ ____ ____ ____ .
   11

12. summer ____ ____ ____ ____ ____ ____
   12

13. beach ____ ____ ____ ____ ____
   13

Puzzle Question

¿Qué ____ ____ ____ ____ ____ ____   ____ ____ ____ ____   ____ ____ ____ ?
      1   2   3   4   5   6   7   8   9   10   11 12 13

Hoy_____ .

Find and circle or highlight these words in the puzzle below.

OTOÑO	EL DÍA DE LA RAZA	HACE CALOR	PLAYA
UN POCO	HACE BUEN TIEMPO	HACE FRÍO	PRIMAVERA
VERDE	HACE FRESCO	LA NAVIDAD	HACE SOL
GENTE	HACE VIENTO	LLUEVE	
REGRESAR	HACE MAL TIEMPO	NIEVA	
INVIERNO	LA PASCUA FLORIDA	VERANO	

```
F P E L A P A S C U A F L O R I D A X D T P A T N T D
U D C L G D A S I A A E A A F H A C E S O L U Y H A D
T A V A O V L R T C R L R D V A T Z N F E C R H A E A
L A N A V I D A D D H D O E E C E J A P E E E A C L R
D L S T C H A C L H H Í R T A E O U E O O E U C E H L
D R S A E N P E V A O A X V A B P E A O F R N E F A I
A R G D E D I E R C V D M U R U A Í E H E N P F R C A
I N V I E R N O D E E E P T R E P H P A J V O R E E E
E F I R A O V Y O M H L N Z T N A T I C A S C Í S C E
M Y H O V E E I U A B A C G D T J A A E A M O O C A L
N I E V A Y R R A L C R V N P I H E X V E K L Y O L Z
V E D P E L A E F T H A Í E L E L L A I E D E I H O X
D G R R H A N P C I E Z C R A M R P D E A L C F B R D
M R E I O A O O C E M A L I Y P Z E A N E A A E A B A
E R G M Ñ N T U H M E T V I A O A E E T L U L T O U P
N O E A A A H V S P I A E A E M N Í P O Y E E V A T C
A I N V D Y O R E O H B R A D G E I M Y Z C A A N V A
A M T E Z R A R F K R S D C I X U R I H U G E O F O T
E I E R R F B P V Y I F E A E C O R E G R E S A R A Y
S X E A V H V P A L U O T O Ñ O R L L U E V E J A Í D
L U E E Z E S O V A P I C N L H L L E A Z A Ñ L R F S
```

Palabras mezcladas

The vocabulary words are all mixed up! Use the word halves in the box below to piece the words back together again. Use each half only once.

co	iempo	Hace	ua Florida	l tiempo
la Pasc	in	esar	Ni	eve
un po	regr	Llu	vierno	Hace ca
primav	lor	los Santos	vera	co
el Día de Acción	ver	de Gracias	pla	no
la Víspera de Todos	eva	Hace	era	de
Hace	el Día de	ya	idad	Hace ma
viento	sol	la Nav	la Raza	Hace fres
Hace buen t	frío			

1. _____

2. _____

3. _____

4. _____

5. _____

6. _____

7. _____

8. _____

9. _____

10. _____

11. _____

12. _____

13. _____

14. _____

15. _____

16. _____

17. _____

18. _____

19. _____

20. _____

21. _____

Four towns called Santa Fe, Los Prados, Rosales, and Pereira each have different weather. Read the clues below to determine how the weather is in each one. Fill in the chart using "S" for sí and "N" for no.

Claves:

1. En Santa Fe, la gente va a la playa.
2. En Los Prados, se necesita un paraguas.
3. En Rosales, hace viento.
4. En Pereira, se puede tirar bolas de nieve.

Complete the crossword puzzle using the Spanish word for each clue.

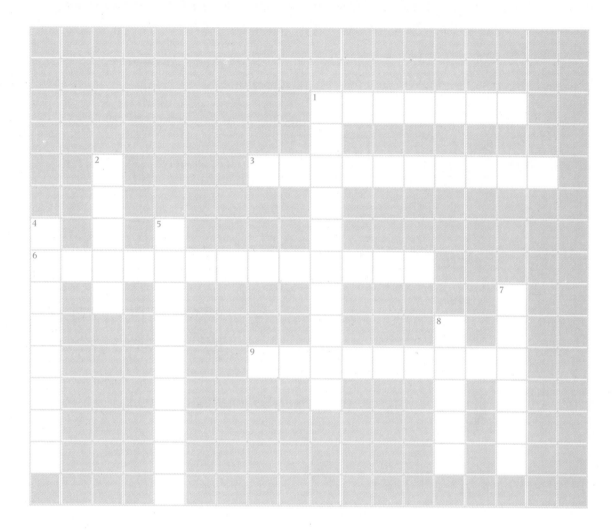

Down

1. It's cool. (2 words)
2. green
4. to return
5. Christmas (2 words)
7. summer
8. beach

Across

1. It's sunny. (2 words)
3. It's windy. (2 words)
6. Columbus Day (5 words)
9. It's hot. (2 words)

In Ana's part of the country, she enjoys four different seasons. Read this email in which she describes the weather where she lives. Much of her email is in picture form. When you come to a picture, read it as if it were a Spanish word or phrase.

En la parte del país donde vivo, tenemos cuatro estaciones y  muy

variado. En la ,  mucho y a veces .

Pero es mi estación favorita porque me encantan las flores. En el ,

 y . Me gusta mucho ir a la en el verano.

En el  , hace fresco. Me fascinan las hojas de diferentes colores.

En el invierno, 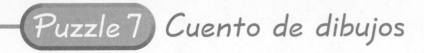 . Me gusta

jugar en la nieve. ¿Qué tiempo hace donde vives tú?

Chapter 15

Mi casa

Puzzle 1 *El código secreto*

Help break this code. Using the key below, replace the code with the correct letters. For example, when you see the letter I, replace it with a T. When you see the letter L, replace it with a Y. Do this for all the letters until you reveal each word. Good luck!

Code	B	C	D	E	F	I	J	K	L	M	P	Q	R	S	T	W	X	Z	G
Letter				O		T		S	Y			C			A				Ñ

1. CTGE _____

2. TLJDTF _____

3. DEFPBIEFBE _____

4. KEWT _____

5. SFTIBK _____

6. QJTDFE _____

7. KJ _____

8. QEQBZT _____

9. IRXRMBKEF _____

10. QTKT _____

Write the words in Spanish. Then use the shaded letters to find the title of this puzzle.

1. bedroom ___ ___ ___ ___ ___ ___ ___ ___ ___
    1

2. kitchen ___ ___ ___ ___ ___ ___
    2

3. dining room ___ ___ ___ ___ ___ ___ ___
    3

4. bathroom ___ ___ ___ ___
    4

5. table ___ ___ ___ ___
    5

6. living room ___ ___ ___ ___
    6

7. building ___ ___ ___ ___ ___ ___ ___ ___
    7

8. armchair ___ ___ ___ ___ ___ ___
    8

9. ceiling ___ ___ ___ ___ ___
    9

10. painting ___ ___ ___ ___ ___ ___
    10

11. bed ___ ___ ___ ___
    11

12. sofa ___ ___ ___ ___
    12

13. TV set ___ ___ ___ ___ ___ ___ ___ ___ ___
    13

14. refrigerator ___ ___ ___ ___ ___ ___
    14

Puzzle Title

___ ___   ___ ___ ___ ___   ___ ___   ___ ___   ___ ___ ___ ___
1   2   3   4   5   6   7   8   9   10   11 12 13 14

Find and circle or highlight these words in the puzzle below.

DORMITORIO	SILLÓN	CUADRO	TU
AQUÍ ESTÁN	CAMA	BAÑO	COCINA
CASA	HABLAR POR HABLAR	EDIFICIO	MESA
NO ES VERDAD	GRATIS	AYUDAR	NEVERA

```
H A B L A R P O R H A B L A R S D B C C H S S D A T
B I U G S D S T U O D F O A I S A O I C A Y E R O G
M E S A A S B S O S S E E E D I F I C I O U R Í R A
O T Q R A S B A H X R O P F R A L V A H D F N D A S
D D B T O D C B R C R A D O R M I T O R O E O R E U
R A D U Y A R A E I E S D C U O E A A A A A E D O U
R Q A E N C A M A U N M L A T N L I R U R N S R H A
O U I B O C A G F A B Á A R Y A Ó Á V E H C V U T O
N I I R A S A R G R U O T O N O Y L A U C F E I A D
O E D E Ñ E D I I C L D S M D O N L D D W R E A C
S S I D N S O R C V I O O O E A D A E I A R D C R A
E T I C A E U R U A E G I E O S I A O S S N A L H Á
S Á O N C Ñ V R A R N N R S M P Í T H Á U Í D E I A
D N C O O Á S E D C Ó S O A D L C U U S O H F D C E
V O I M C M U S R R Ó A T A T M C A Q A R N N O U L
E O F D I N A I O A L A I A Y I I D A A Ñ T L L R D
R N I O N U A A V U L O M A O D S I A A L A D S F A
D D E E A C A S A R I Q R B O A D O U S O K B U M D
E G D F R M E E S A S M O G R E T I S C S B T O S A
D N Á T T S E D Í U Q A D R M D R N C A N I C A C D
E I U A A Ó P A E N M O S N O D T O C L R E Ó A Q T
```

The vocabulary words are all mixed up! Use the word halves in the box below to piece the words back together again. Use each half only once.

aquí	hablar	coci	ón	la	hablar por
cio	dro	era	amento	lla	nu
toa	grat	me	dor	orio	ca
estro	apart	ma	sill	sa	
dormit	te	edifi	dar	ba	
sa	ca	so	dad	ayu	
fá	están	visor	no es ver	cua	
is	dor	cho	come	refrigera	
sa	na	nev	tele	ño	

1. _____

2. _____

3. _____

4. _____

5. _____

6. _____

7. _____

8. _____

9. _____

10. _____

11. _____

12. _____

13. _____

14. _____

15. _____

16. _____

17. _____

18. _____

19. _____

20. _____

21. _____

22. _____

23. _____

24. _____

Each member of the Rivera family is in a different room of their house. Read the clues below to determine where each person is. Fill in the chart using "S" for sí and "N" for no.

Claves:

1. La madre está muy cansada. Está durmiendo.
2. El hermano está en el baño.
3. El padre está cocinando la cena.
4. La abuela está viendo televisión en el sillón.

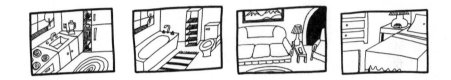

La mamá				
El hermano				
El padre				
La abuela				

Complete the crossword puzzle using the Spanish word for each clue.

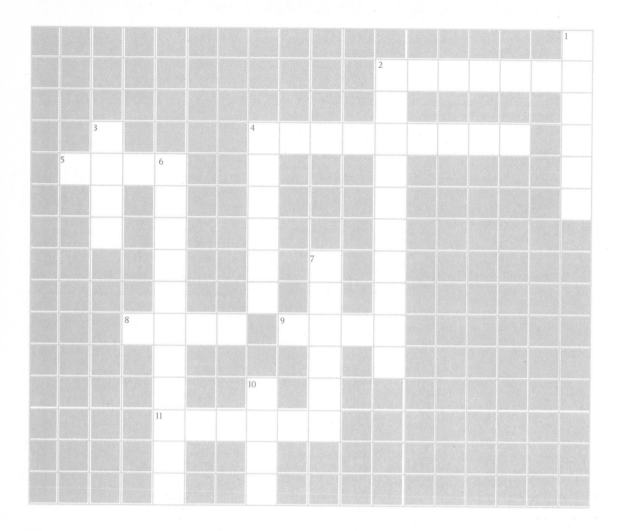

Down

1. kitchen
2. it isn't true (3 words)
3. bathroom
4. to help
6. apartment
7. towel
10. table

Across

2. our
4. here are (2 words)
5. bed
8. living room
9. house
11. refrigerator

Ana wants to tell you about her home. Read this email in which she describes her house and her friend's house. Much of her email is in picture form. When you come to a picture, read it as if it were a Spanish word or phrase.

Te quiero contar un poquito de mi . Mi casa es muy linda y muy

cómoda. Mi cuarto favorito es mi  porque tengo una cama ←

y un  privado. Por la mañana, voy a la  para

hacer mi desayuno. Después como en la  de .

Cuando regreso de la escuela, me gusta ver televisión sentada en el de la

 . Los fines de semana me gusta ir al  de mi

mejor amiga, Gisela. Ella vive en un cerca de mi casa. ¿Por qué no me

visitas? ¡Mi casa es casa!

Chapter 16

La comida

Puzzle 1 Ladrillos y letras

Find the word that matches the pictures below. Write one letter in each box until you complete each word.

MANTEQUILLA	HUEVOS DUROS	LECHE
CARNE	SAL	PAPAS FRITAS

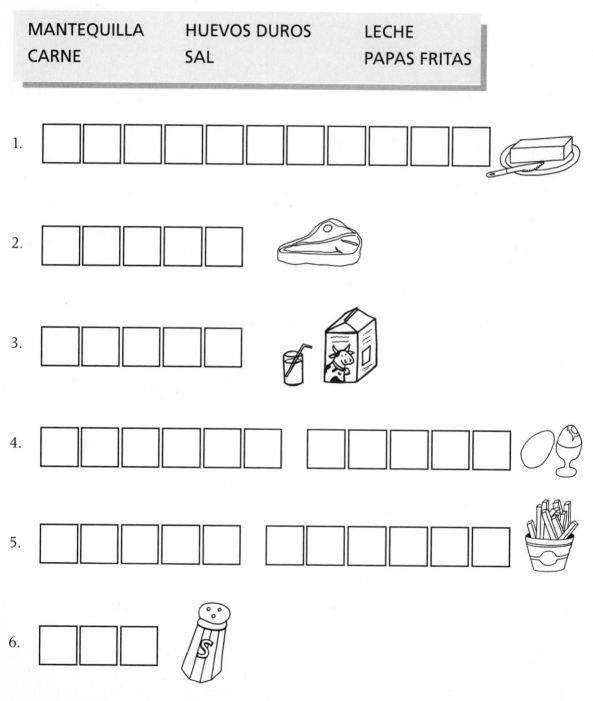

1.

2.

3.

4.

5.

6.

Puzzle 2 Acróstico

Write the words in Spanish. Then use the shaded letters to find the title of this puzzle.

1. vegetables ___ ___ ___ ___ ___ ___ ___ ___
   ₁

2. sugar ___ ___ ___ ___ ___ ___
   ₂

3. meat ___ ___ ___ ___ ___
   ₃

4. apple ___ ___ ___ ___ ___ ___ ___
   ₄

5. soup ___ ___ ___ ___
   ₅

6. rice ___ ___ ___ ___ ___
   ₆

7. cheese ___ ___ ___ ___ ___
   ₇

8. egg ___ ___ ___ ___ ___
   ₈

9. salad ___ ___ ___ ___ ___ ___ ___ ___
   ₉

10. coffee ___ ___ ___ ___
    ₁₀

11. lettuce ___ ___ ___ ___ ___ ___ ___
    ₁₁

12. juice ___ ___ ___ ___
    ₁₂

Puzzle Title

¡ ___ ___ ___ ___   ___ ___ ___ ___ ___ ___ ___ ___ !
  1   2   3   4   5   6   7   8   9 10 11 12

Find and circle or highlight these words in the puzzle below.

UVAS	TOMATE	VINO	LECHE
BISTEC	PIMIENTA	SALUD	POLLO
HUEVOS DUROS	HUEVO	ARROZ	TENEDOR
COPA	SAL	CAFÉ	TAZA
CEREAL	QUESO	CUCHARA	MOSTAZA
PAPAS FRITAS	MANTEQUILLA	NARANJA	PLATO
ALMUERZO	VASO	SOPA	AZÚCAR
FRIJOLES	CARNE	PERA	CENA
ME GUSTA	JAMÓN	DESAYUNO	ENSALADA
HELADO	TOSTADA	JUGO	LECHUGA
LEGUMBRES	CAMARERO	VEGETALES	
MANZANA	CUCHILLO	PAN	

```
D E S A Y U N O V M J S V E L A P T L P M V A P V O E L P C R
N N L L T A P M Q A L J A S E T A S A I U A E T M F E A T O E
L T O M A T E A A P I N S N A V N A S V N S O O D N L P T A U
C O C E R E A L S A T T O A O J A L T V A U G L A O Q A O L V
N S P O L L O L E C V O S R H U E V O S D U R O S S U P S L A
P N A E T A Y C A M A R E R O T A E C S V O T T N L E A T M S
M O S T A Z A E O O I O T O P L E P E A S U A E A B S S A A A
O T A L E G U M B R E S A Z S A L U D A U A Z N O V O F D N U
P I M I E N T A G N V I N U E Z E V A S M N A E A I N R A T A
N D A A D N L V R E T L A F L Ú N R L H A U E D Q N L I N E L
L R S V C L E S D F C C R A T C S V M A N O T O L O L T P Q E
U P A E U E C A C R B A A A L A A E U S Z M L R S T E A L U A
N J L G C C H M U I I O N Z O R L L E H A M R P E R A S A I E
M U A E H H U A C J S E J H C J A N R U N S L H D O V Q T L E
R G U T A E G O H O T S A E O A D M Z E A C A F É N Q C O L C
E O S A R P A A I L E O P L P M A I O V C E N A A O L R A A T
A M A L A M D E L E C P N A A Ó T T A O C A R N E R O M J U N
A L U E C S N I L S E A T D S N A E G E S C M E G U S T A S P
O R D S E O N Z O A L M P O A R N N V O E H A R C A Z E E S R
```

Palabras mezcladas

The vocabulary words are all mixed up! Use the word halves in the box below to piece the words back together again. Use each half only once.

huevos	al	ada	al	al	llo
roz	mosta	ar	muerzo	duros	za
co	camar	llo	rne	stec	p
chuga	do	ijoles	cuchi	dor	car
azú	bi	an	món	pla	so
ca	ero	ta	ja	ensal	fr
no	le	de	po	pa	za
tene	cere	hela	ca	pa	
to	fé	vi	s	sayuno	

1. _____

2. _____

3. _____

4. _____

5. _____

6. _____

7. _____

8. _____

9. _____

10. _____

11. _____

12. _____

13. _____

14. _____

15. _____

16. _____

17. _____

18. _____

19. _____

20. _____

21. _____

22. _____

23. _____

24. _____

25. _____

26. _____

Puzzle 5 Cuadro de lógica

Luisa, Paula, Yesenia, and Raúl each want something different for lunch. Read the clues below to determine what each one wants to eat. Fill in the chart using "S" for sí and "N" for no.

Claves:

1. Luisa quiere una manzana o una pera.
2. Paula necesita una cuchara.
3. Yesenia necesita pan.
4. Raúl quiere legumbres.

Luisa				
Paula				
Yesenia				
Raúl				

Complete the crossword puzzle using the Spanish word for each clue.

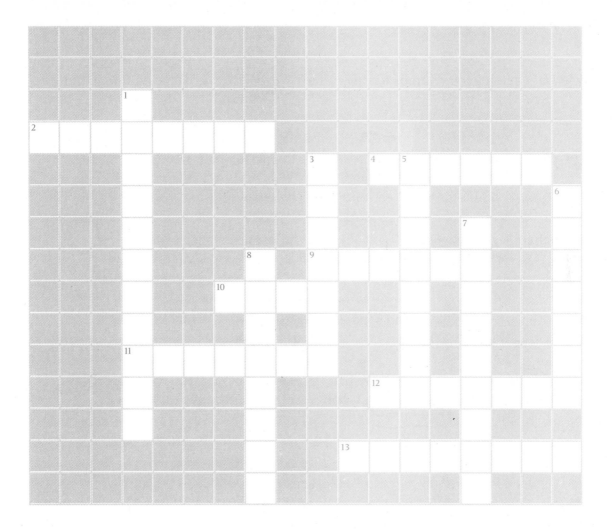

Down

1. French fries (2 words)
3. mustard
5. salad
6. I like (2 words)
7. vegetables
8. waiter

Across

2. breakfast
4. cereal
9. tomato
10. cup
11. toast
12. orange
13. lunch

It's Ana's birthday today! Read this email about what she plans to eat at her birthday dinner. Much of her email is in picture form. When you come to a picture, read it as if it were a Spanish word or phrase.

Hoy es mi cumpleaños y vamos a comer una _____ especial en un restaurante.

Yo ya sé que voy a pedir al _____ . Primero voy a comer una _____

con mucha _____ y _____ . Después pienso comer _____

fresco con _____ y una sopa de _____ . Para el _____

principal, voy a pedir _____ con _____ y quizás unos _____ .

Para tomar, pienso pedir un _____ de _____ de _____ .

Para el postre, me van a traer una torta de cumpleaños. ¡Qué cena tan buena!

Chapter 17

¿Dónde está?

Puzzle 1 El código secreto

Help break this code. Using the key below, replace the code with the correct letters. For example, when you see the letter I, replace it with an M. When you see the letter R, replace it with an L. Do this for all the letters until you reveal each word. Good luck!

Code	A	B	E	F	H	I	J	L	N	P	Q	R	T	U	W	X	Y
Letter					**D**	**M**	**A**		**A**			**L**		**E**		**F**	

1. BJN
   XQUBEUNBAL _____

2. JXABANL _____

3. UN _____

4. FJQ _____

5. XQUNWU L _____

6. HUYHU _____

7. HUWQLY HU _____

8. LRRA _____

9. UNBAIL HU _____

10. HUTLPJ HU _____

Puzzle 2 Acróstico

Write the words in Spanish. Use the shaded letters to find the title of this puzzle.

1. next to ___ [__]   ___ ___ ___ ___   ___ ___

1

2. under ___ ___ ___ ___ ___ [__]   ___ ___

                  2

3. behind ___ ___ ___ ___ ___ [__]   ___ ___

                 3

4. there ___ [__] ___ ___

        4

5. often, frequently ___ ___ ___

    ___ ___ ___ ___ [__] ___ ___ ___ ___ ___

                    5

6. church ___ [__] ___ ___ ___ ___ ___

        6

7. near ___ ___ ___ ___ [__] ___ ___

          7

8. across from, facing ___ [__] ___ ___ ___ ___ ___

            8

9. on, in, at [__] ___

      9

10. on [__] ___ ___ ___ ___

  10

Puzzle Title

___ ___ ___   ___ ___ ___ ___ ___ ___ ___

1   2   3   4   5   6   7   8   9   10

Find and circle or highlight these words in the puzzle below.

DETRÁS DE	FÁBRICA	AL LADO DE	OFICINA
ENCIMA DE	POR	CIELO	ALLÍ
CERCA DE	SOBRE	FRENTE A	CON FRECUENCIA
DESDE	BIBLIOTECA	EN	IGLESIA
PÁJARO	ALREDEDOR DE	DEBAJO DE	

```
S Á O S R I S Á J F A L R E D E D O R D E U L E O R L B S E A
E B R E E C D C O S D D O A C A E U E A O I H O P Á J A R O I
I D N C B E N C I M A D E C E R T Á A B U N O C I A S F E E O
A C D E L O D F E E N L A D O A R A R B C F R A G D B E O O I
U C I N S A L E Á T I O F V C D Á E O D D P U L L D A E F O O
T N C L T A E O B C E C E B G Á S E C N R C I D E A D D I R S
E L O I L C N D O T O A E R I L D E A S E D T E S E D E C N Á
D Á R C E S C I E L O Á R C D B E G I O C B C S I D F B I A A
I N D L F N O A I B M B R C E R Y C Á B Í I E D A E I A N D E
I S O I Á E C L B D R N I Á D S F E M R E B D E S L A J A C A
I T A A B N D L D O P R C E O E O R C E C L S E N B C O S N I
R F E E R I I A P I E K E R T Á L C L I O I C O Á C Í D C J S
A R E L I A B D J O R S I O O B L A I A J O A I D R I E X C E
N E I E C E E O C O C C A D S E L D L E C T E E B I O Y I C T
E N A N A N C D I C P E L D I E A E O O E E D L E R E F A E C
F T L Á F A A E E L E O D L L C R L I O D C E A F F O U P S A
E E L N C D D C R S E E D I L C D A R E S A N R E U D A O C I
M A Í R E P B V D I N C O N F R E C U E N C I A A E S O R G L
D C P C L X M R A I B S D N D E M E O I S E T E R A O I I O E
O G E S A C N E O A J I B D R D B B J L D D A N I I E T E N L
S D O M I L S U S I D A O A N N L Á D C R T C E B N Á G A N F
```

The vocabulary words are all mixed up! Use the word halves in the box below to piece the words back together again. Use each half only once.

sia	po	ofic	encima	sde	r
te a	do de	de	fren	con frec	ci
ina	edor de	aro	uencia	de	bibli
bre	detrás	al	lí	debajo	al la
ca	páj	alred	oteca	de	fábri
elo	so	cerca	igle	de	de

1. _____

2. _____

3. _____

4. _____

5. _____

6. _____

7. _____

8. _____

9. _____

10. _____

11. _____

12. _____

13. _____

14. _____

15. _____

16. _____

17. _____

18. _____

Ana left each of the following objects in different rooms of the house. Read the clues below to determine in which room each one is. Fill in the chart using "S" for *sí* and "N" for *no*.

Claves:

1. El libro no está en el dormitorio.
2. Las llaves están en la sala.
3. La cuchara está encima de la mesa.
4. Las gafas están cerca de la cama.

Complete the crossword puzzle using the Spanish word for each clue.

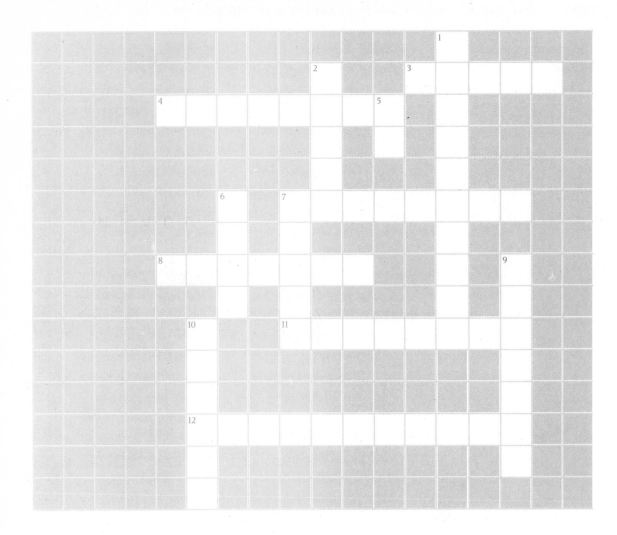

Down

1. library
2. on
5. on
6. there
7. from
9. across from (2 words)
10. bird

Across

3. sky
4. next to (3 words)
7. under (2 words)
8. church
11. above (2 words)
12. around (2 words)

Ana always loses her homework! Read this email in which she describes where she usually looks for it. Much of her email is in picture form. When you come to a picture, read it as if it were a Spanish word or phrase.

Yo pierdo mi tarea con frecuencia. Cuando la pierdo, la busco por toda la

Primero la busco en la , 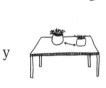 la mesa.

Después la busco en mi dormitorio mi cama o mi

escritorio. Luego la busco alrededor de 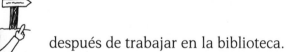 y

la puerta. Finalmente me acuerdo de que mi tarea está mi mochila.

Siempre la guardo 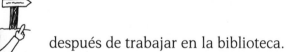 después de trabajar en la biblioteca.

¡Qué tonta que soy!

Chapter 18

Más números

Puzzle 1 El código secreto

Help break this code. Using the key below, replace the code with the correct letters. For example, when you see the letter I, replace it with an R. When you see the letter O, replace it with a D. Do this for all the letters until you reveal each word. Good luck!

Code	C	G	I	J	K	N	O	P	Q	R	S	U	Y	Z
Letter		S	R				D		T	E	A			

1. QIRZCQS _____

2. GRQRCQS _____

3. URCORONI _____

4. OZRP _____

5. CNURCQS _____

6. JZRCQN
    URZCQR _____

7. NJKRCQS _____

8. JYSIRCQS _____

9. JZRC _____

10. GRGRCQS _____

Write the answer to each math problem in Spanish. Then use the shaded letters to find the title of this puzzle.

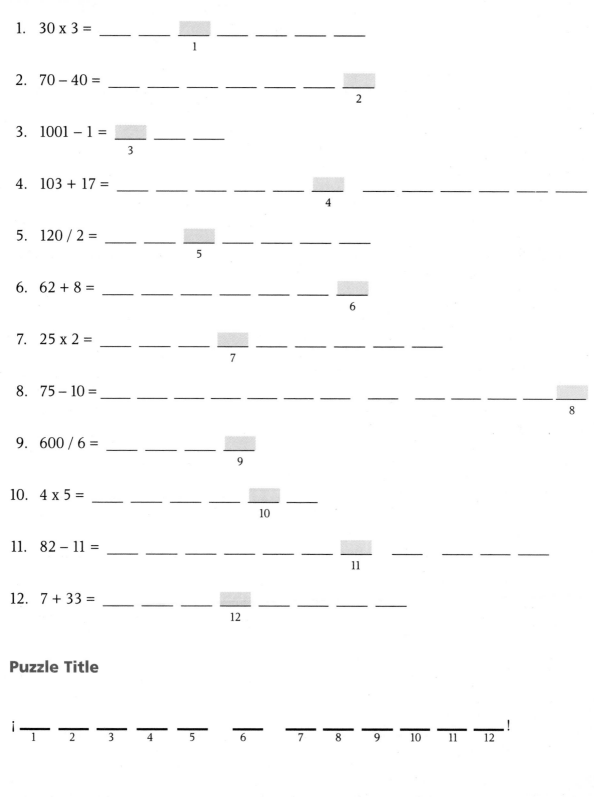

1. 30 x 3 = ___ ___ ▢ ___ ___ ___ ___
                   1

2. 70 – 40 = ___ ___ ___ ___ ___ ___ ▢
                                       2

3. 1001 – 1 = ▢ ___ ___
              3

4. 103 + 17 = ___ ___ ___ ___ ___ ▢ ___ ___ ___ ___ ___ ___
                                    4

5. 120 / 2 = ___ ___ ▢ ___ ___ ___ ___
                      5

6. 62 + 8 = ___ ___ ___ ___ ___ ___ ▢
                                     6

7. 25 x 2 = ___ ___ ___ ▢ ___ ___ ___ ___ ___
                         7

8. 75 – 10 = ___ ___ ___ ___ ___ ___ ___ ___ ___ ___ ▢
                                                      8

9. 600 / 6 = ___ ___ ___ ▢
                          9

10. 4 x 5 = ___ ___ ___ ___ ▢ ___
                             10

11. 82 – 11 = ___ ___ ___ ___ ___ ___ ▢ ___ ___ ___ ___
                                      11

12. 7 + 33 = ___ ___ ___ ▢ ___ ___ ___ ___
                         12

Puzzle Title

¡ ___ ___ ___ ___ ___ ___ ___ ___ ___ ___ ___ ___ !
  1   2   3   4   5   6   7   8   9 10 11 12

Puzzle 3 Buscapalabras

Find and circle or highlight these words in the puzzle below.

CUARENTA   CIENTO VEINTE   SESENTA   OCHENTA

SETENTA Y UNO   NOVENTA   CIEN   SESENTA Y CINCO

VEINTE   TREINTA   DIEZ   VENDER

COMPRADOR   CINCUENTA   SETENTA   SALUDAR


```
N E I A Y S N V E I N T E X C I E N T O O Z O C R N
R E D N U V C I E N O C C V E N C E R U T X N E A N
V C O C H I N T A E A S E N A N R T S I E N D S A E
S H N A O C U A R E N T A T S O O N E S A N A T A X
H A T E E U O S C U A N N S D T N I T V E T A E S T
V N L C C R C U E I V E E A Y R S N E V N U C T A E
O T E U A E E S W S U S P T N E C T N E N W N N O A
C S N Z D E N R C C E M T O A I T D T C R D I E Z Z
T E O T A A U V N N O N Y T N N T E A A U E C T T A
S S V O E N R I T C A E T E N T S T Y W E T R E T S
I N E C T U C A T S A C R A I A E N U S R A Y S U Z
E N N H C O M P R A D O R A Y N T E N O I N Y I O E
O A T E T N I E V U O T N E C C N A O A E A A I A E
L T A N N S I Y E E T N E V O N I U C T E N T Z I T
E N I T T R I E N T A A E E C O V N O V A E N I R N
N E N A A N E E C V O U T S T I N A C S N I E D N T
V S S A L L U D A R N N I A E S Z I T O N A S X R N
I S D A N E R U A C I T S N E U C C A N P T E N V I
A E Y E A T T E R E S E T N T A O Y P U N O S E E S
O S T T I N T A V V E E N H A C I N C E U N T E A T
A E V N A N E O N A T A R V I T S A R U E N A N O C
```

The vocabulary words are all mixed up! Use the word halves in the box below to piece the words back together again. Use each half only once.

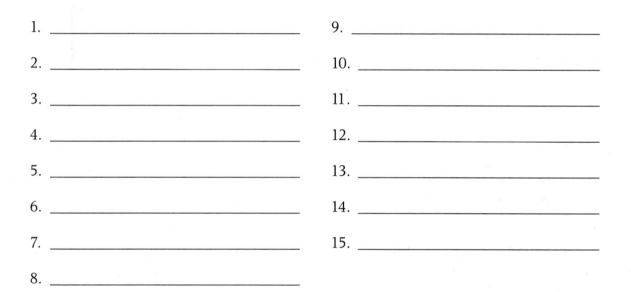

cuare	ciento	nder	di	ta y uno
nta	veinte	sese	nta	ochen
nta	ta	ve	vende	sesent
noven	ta	ci	rador	inte
seten	ve	en	uenta	a y cinco
cinc	ez	comp	sete	dor

1. _____

2. _____

3. _____

4. _____

5. _____

6. _____

7. _____

8. _____

9. _____

10. _____

11. _____

12. _____

13. _____

14. _____

15. _____

Orlando, Javier, Maricela, and Patricio each are planning to buy some gifts. Read the clues below to determine what each one can afford. Fill in the chart using "S" for sí and "N" for no.

Claves:

1. Orlando tiene cuarenta y nueve dólares.
2. Javier tiene menos dinero que los otros.
3. Maricela tiene más dinero que los otros.
4. Patricio tiene cincuenta y cinco dólares.

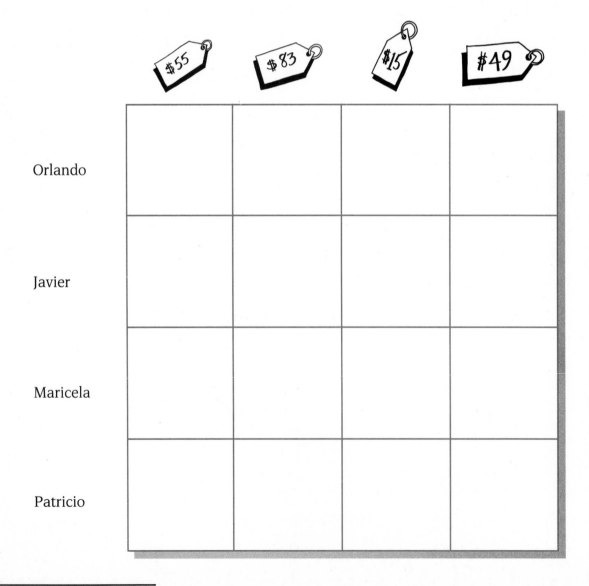

Puzzle 6 Crucigrama

Complete the crossword puzzle using the Spanish word for each clue.

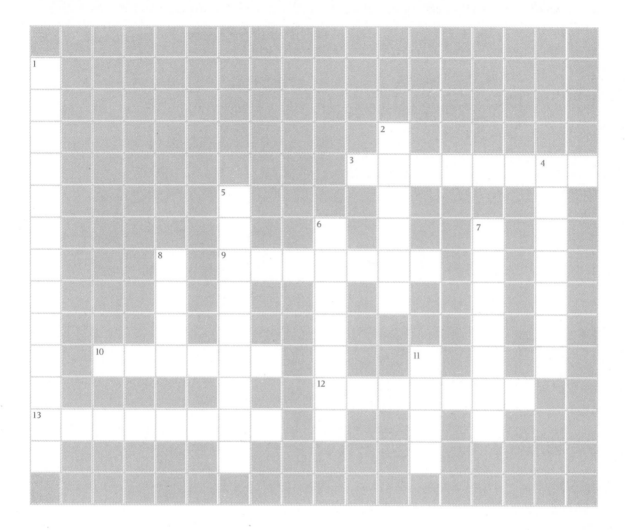

Down

1. sixty-five (3 words)
2. twenty
4. eighty
5. fifty
6. sixty
7. seventy
8. a hundred
11. ten

Across

3. seller
9. ninety
10. to sell
12. thirty
13. forty

Ana is going shopping today for a birthday present for her best friend. Read this email in which she describes what she would like to buy. Much of the email is in picture form. When you come to a picture, read it as if it were a Spanish word or phrase.

Hoy a las de la mañana voy de compras con mi mamá. Necesito comprar

un regalo de cumpleaños para mi mejor amiga, Gisela. Tengo **40** dólares

para gastar. Después de al , le voy a preguntar si

tiene un regalo bonito por **30** ó **35** dólares.

También me tiene que una tarjeta y una caja, y eso cuesta

 dólares, más o menos. Me gustaría comprarle un videojuego nuevo, pero

normalmente cuestan entre **50** y **60** dólares.

¡Vamos a ver que compro!

Chapter 19

Las diversiones

Puzzle 1 Ladrillos y letras

Find the word that matches the pictures below. Write one letter in each box until you complete each word.

CONCIERTO	IR EN AUTOBÚS	TEATRO
DIVERSIONES	IR A PIE	DISCOTECA

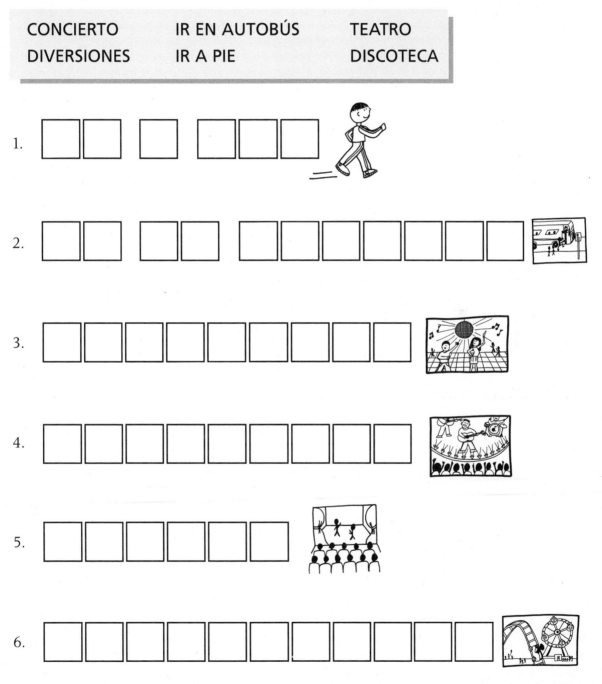

1.

2.

3.

4.

5.

6.

Puzzle 2 Acróstico

Write the words and phrases in Spanish. Then use the shaded letters to find the title of this puzzle.

1. beach ___ ___ ___ ___ ▢
   $_1$

2. disco ▢ ___ ___ ___ ___ ___ ___ ___ ___
   $_2$

3. pool ___ ▢ ___ ___ ___ ___ ___
   $_3$

4. entertainment ___ ___ ▢ ___ ___ ___ ___ ___ ___ ___ ___
   $_4$

5. movie ___ ___ ___ ▢
   $_5$

6. to go by car ___ ▢   ___ ___   ___ ___ ___ ___ ___
   $_6$

7. theater ___ ___ ___ ▢ ___ ___
   $_7$

8. to walk, to go by foot ___ ___   ___   ___ ▢ ___
   $_8$

9. place ___ ___ ___ ___ ▢
   $_9$

10. to go by train ___ ___   ___ ___   ___ ___ ___ ▢
    $_{10}$

11. concert ___ ▢ ___ ___ ___ ___ ___ ___ ___
    $_{11}$

12. island ___ ▢ ___ ___
    $_{12}$

Puzzle Title

¡ ___ ___ ___ ___ ___ ___ ___ ___ ___ ___ ___ ___ !
  $_1$ $_2$ $_3$ $_4$ $_5$ $_6$ $_7$ $_8$ $_9$ $_{10}$ $_{11}$ $_{12}$

Find and circle or highlight these words in the puzzle below.

IR A PIE	COSA	IR EN AUTOBÚS	ISLA
VAMOS A	IR EN COCHE	LUGAR	CONCIERTO
MAR	DIVERSIONES	TEATRO	
DISCOTECA	CINE	PARQUE DE ATRACCIONES	
IR EN TREN	PISCINA	PLAYA	

```
E A A P I N I I S A N B P I N F E I V C T C U M E A G E J A N
C Q U R F I E T A R T I I H C I E L L I A S I I I A O I C G O
R N I E T C E C I N E T S R G A T U A O C A E I C P A I S S Y
T S L U T D V R H A C C C C I I C G T I E O H G S R A T S N S
L S A R N I A C F A O Y I O A R R A E I Y Y R E R P I U O S O
I P I E C V M A H A R E N C E E T R A A L U S N I T R A P N C
E T O P D E O E T R O L A A R N T U D I S C O T E C A O E I I
O N M O N R S I E O C C E D I C H N E E A M N C O U P P T I C
R E N S D S A E A I O F E N A O A E E R K E R O E V I I I S U
A H E C E I A N T N N D O B S C D S J K L R A A M P E E P J O
E V N V R O I M R A C C H R R H C N P C Q E I N J C N I A E A
T E O N I N T A O R I C I L C E E P C O J C O R S N O E S I C
I S L A T E O R A E E E C I M T I E S S U L A R T A L I I P R
A T I C N S Q T R C R C C R P E T A E I E P A T C R U A N L R
A C E O I O B R R A T A O I A C I R E N T R E N Q N O R H A I
G E C O E I B A P N O O S E M A T E R A P A C C M A H L T Y L
A I P A S N O L A E E L A O A R A C E E O E A S T I S T T A I
F D P A R Q U E D E A T R A C C I O N E S R S O I O E M E O O
S I P A R I L O V S B I R E N A U T O B Ú S P S U O A E C I O
E G E R O H H C O N C A C S L N S R G N L U T N S Q C A E T V
S A H D C R I E B N R R C S I T T A A C N Y T B I S N O V I E
```

Puzzle 4 Palabras mezcladas

The vocabulary words are all mixed up! Use the word halves in the box below to piece the words back together again. Use each half only once.

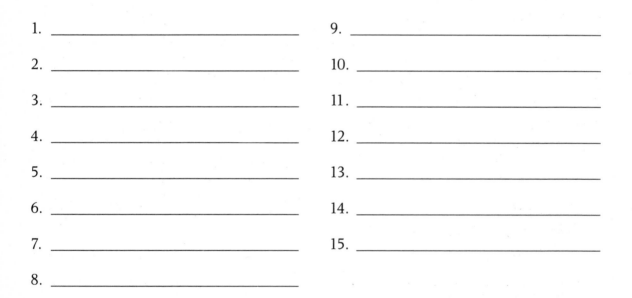

obús	vamo	ir en	conc	tro
ierto	ar	s a	pi	ir en aut
ones	ir en	atracciones	a pie	lug
tren	parque de	co	ir	pla
coche	m	teca	ya	ar
sa	scina	disco	tea	diversi

1. _____

2. _____

3. _____

4. _____

5. _____

6. _____

7. _____

8. _____

9. _____

10. _____

11. _____

12. _____

13. _____

14. _____

15. _____

Mateo, Juan, Pedro, and Gisela each make plans to go to a different place during the summer. Read the clues below to determine how each person gets to his/her destination. Fill in the chart using "S" for sí and "N" for no.

Claves:

1. Mateo va a la playa en tren.
2. Juan va a ver una película en coche.
3. Pedro va a la piscina en autobús.
4. Gisela va a pie al teatro.

Complete the crossword puzzle using the Spanish word for each clue.

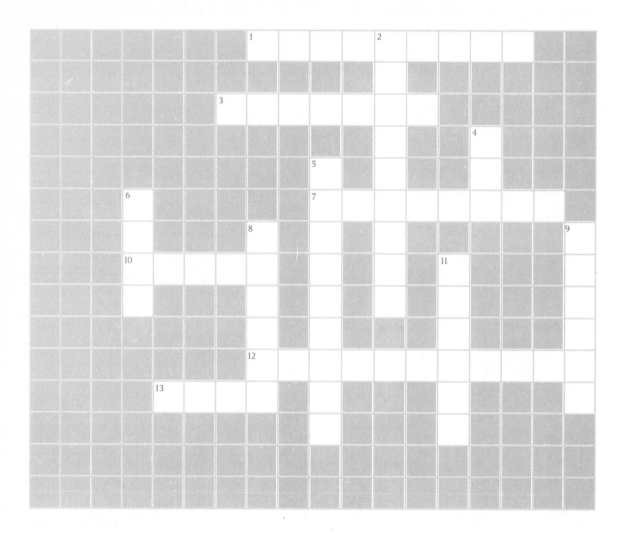

Down

2. concert
4. sea
5. disco
6. island
8. to go by foot (3 words)
9. we are going to (2 words)
11. theater

Across

1. to go by car (3 words)
3. swimming pool
7. to go by train (3 words)
10. place
12. to go by bus (3 words)
13. movie

Ana has some great plans for her summer break. Read this email about how she and her friends plan to enjoy their summer. Much of her email is in picture form. When you come to a picture, read it as if it were a Spanish word or phrase.

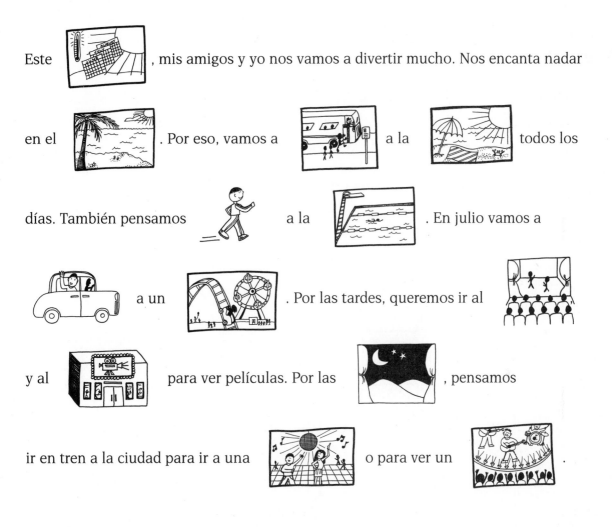

Este [picture], mis amigos y yo nos vamos a divertir mucho. Nos encanta nadar

en el [picture]. Por eso, vamos a [picture] a la [picture] todos los

días. También pensamos [picture] a la [picture]. En julio vamos a

[picture] a un [picture]. Por las tardes, queremos ir al [picture]

y al [picture] para ver películas. Por las [picture], pensamos

ir en tren a la ciudad para ir a una [picture] o para ver un [picture].

¿Qué tienes pensado hacer en el verano?

Chapter 20

Fiesta

Puzzle 1 Ladrillos y letras

Find the word that matches the pictures below. Write one letter in each box until you complete each word.

PIÑATA	CUMPLEAÑOS	INVITACIÓN
REGALO	PENSAR	HELADO

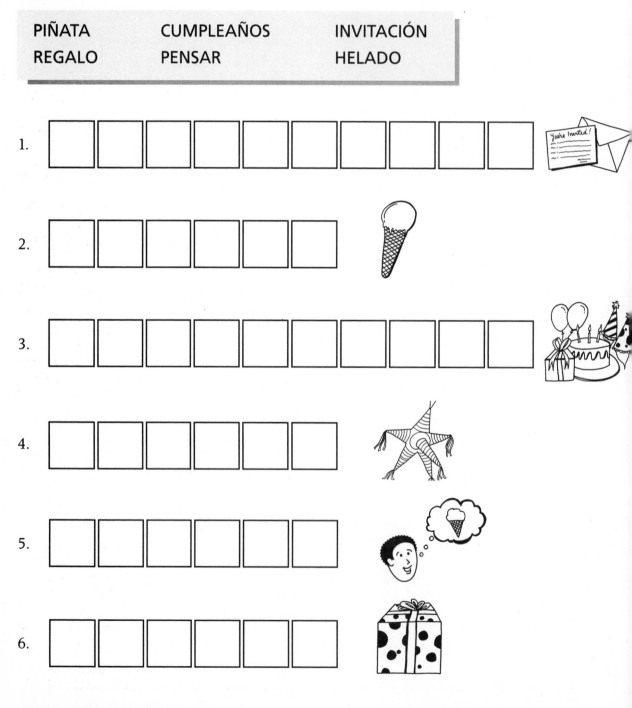

1.

2.

3.

4.

5.

6.

Write the words in Spanish. Then use the shaded letters to find the title of this puzzle.

1. refreshment, soda ___ ___ ___ ___ ___ ___ ___ ___
                               1

2. present ___ ___ ___ ___ ___ ___
                  2

3. balloon ___ ___ ___ ___ ___
                 3

4. reunion ___ ___ ___ ___ ___ ___ ___
                                4

5. birthday ___ ___ ___ ___ ___ ___ ___ ___ ___ ___
              5

6. paper streamer ___ ___ ___ ___ ___ ___ ___ ___ ___ ___
                        6

7. orchestra ___ ___ ___ ___ ___ ___ ___ ___
                                      7

8. party ___ ___ ___ ___ ___ ___
          8

9. youngster ___ ___ ___ ___ ___
                        9

10. ice cream ___ ___ ___ ___ ___ ___
                    10

11. compact disc ___ ___ ___ ___ ___ ___ ___ ___ ___ ___ ___ ___ ___
                            11

12. piñata ___ ___ ___ ___ ___ ___
                          12

13. to bring ___ ___ ___ ___ ___
                      13

14. surprise ___ ___ ___ ___ ___ ___ ___ ___
              14

Puzzle Title

i ___ ___ ___ ___ ___ ___ ___   ___ ___ ___ ___ ___ ___ ___ !
   1   2   3   4   5   6   7   8   9 10 11 12 13 14

Puzzle 3 Buscapalabras

Find and circle or highlight these words in the puzzle below.

PIÑATA	FIESTA	REFRESCO	DISCO COMPACTO
CHICO	TRAER	CUMPLEAÑOS	PENSAR
GLOBO	INVITACIÓN	PENSAR EN	PODER
REGALO	SORPRESA	ORQUESTA	REUNIÓN
DE NINGUNA MANERA	SERPENTINA	HELADO	PENSAR DE

```
I A M H E S E L P S E R P E N T I N A N R E U N I Ó N T O R N
O P D S N M N A E T P I R F O E C R O P E N S A R E N T P A P
T M P U I A F R N S E T E Q E S I T T A S C R N M N N R C A
N F D R R O O O Q A E H P E N S A R W T E I N F P M M R E D N
A O A N N P E D D G I C I E T C M E O L U G I A C D Ó U G I A
R M E N A F D E N I N G U N A M A N E R A T A S C I E M A P I
E N N I E C C S E A O M I T S C R N R R E F P L R S Ó A L T E
F P R P T S I G N E R I N N F E R P P O O M O R N C S F O J R
R S A I N P A A C C R U V F C H S P P P E U R R R O R Ó I R E
E O O Ñ Ó E E O U R N T I N P E T I O R N N Q N V C B T E G A
S N P A D S P E M N C Ó T G E L C P A R V E U A R O N R M O T
C O P T R O A R P L I N A T N A G A R D S S E A T M E A C O P
O Ñ R A A R E N L C C L C E S D E C N R V C S N N P P E A I P
A N N P E P E O E N H S I T A O O N N G A A T P T A O R G D O
U I A N N R L O A N I A Ó A R E A N I N U E A L P C D T L C H
T N O R O E C D Ñ A C O N R D W N N A Q T A E I C T E A O R A
A S R N F S S Ó O P O I O A E N M N E C I C N F R O R T B R P
A E O O P A S R S A F G P H S P E N S A R A S L L Y U G O N N
N E D F I E S T A N R I I D O I I M S G A V P C D T E X A P N
Ñ M R I M A A N I U P S U N N N O A I A E S A L C R O L D H U
U R N E A A E E P E E M S E H N A N C L E O O O O L E E S F N
```

The vocabulary words are all mixed up! Use the word halves in the box below to piece the words back together again. Use each half only once.

disco com	cumple	de ning	fi	der	glo
ina	ción	tr	sta	do	de
re	ñata	ico	años	esa	pensar
serpent	co	orque	invita	una manera	ar
esta	bo	sorpr	refres	aer	en
ch	ón	pensar	reuni	po	pi
hela	galo	pacto	pens		

1. _____

2. _____

3. _____

4. _____

5. _____

6. _____

7. _____

8. _____

9. _____

10. _____

11. _____

12. _____

13. _____

14. _____

15. _____

16. _____

17. _____

18. _____

19. _____

20. _____

Edgar, Alicia, Tatiana, and Jesús are having a party tonight. Read the clues below to determine what each person is bringing for the occasion. Fill in the chart using "S" for sí and "N" for no.

Claves:

1. Edgar va a traer algo para comer.
2. Alicia va a traer algo que tiene que llenar con aire.
3. Tatiana va a traer decoraciones.
4. Jesús va a traer una piñata.

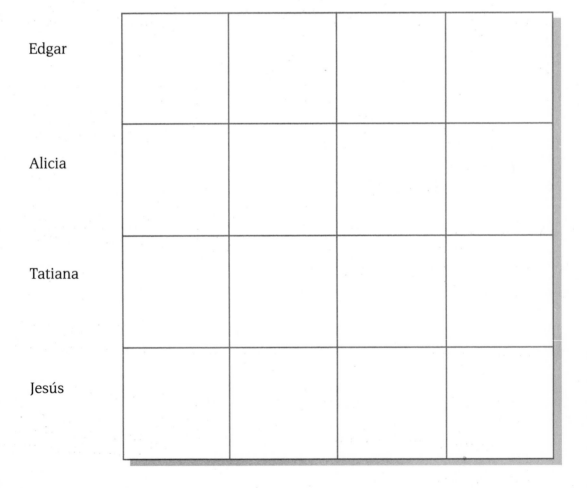

Complete the crossword puzzle using the Spanish word for each clue.

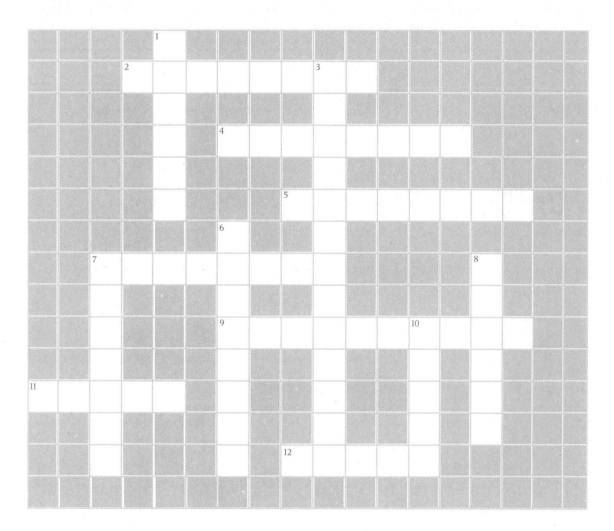

Down

1. present
3. compact disc (2 words)
6. to think about (2 words)
7. reunion
8. to think
10. to bring

Across

2. to have an opinion about (2 words)
4. to intend to go (2 words)
5. surprise
7. soda
9. paper streamer
11. youngster
12. to be able

Ana is throwing a surprise party for her friend Javier. Read this email about what each friend is going to bring to the party. Much of her email is in picture form. When you come to a picture, read it as if it were a Spanish word or phrase.

Mañana voy a tener una  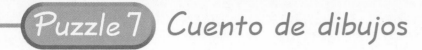 en mi casa. Es

el  de mi amigo, Javier. Ya mandé las  .

Todos mis amigos van a traer algo diferente. Lorenzo va a traer los

y el  . Gisela va a traer las decoraciones: una ,

las  y los  .

Paco va a traer unos  . Yo ya compré un  bien bonito.

No le digas nada a Javier, ¿vale? ¡Es una sorpresa!

Chapter 21

La ropa

Puzzle 1 *El código secreto*

Help break this code. Using the key below, replace the code with the correct letters. For example, when you see the letter K, replace it with an A. When you see the letter M, replace it with an E. Do this for all the letters until you reveal each word. Good luck!

Code	A	B	C	D	F	G	H	I	J	K	L	M	N	O	T	V	W	X	Y	P
Letter	O					T				A		E	C					F		Ñ

1. XKCOK   _____

2. NALVKGK   _____

3. MWK   _____

4. GLKTM OM VKPA   _____

5. MWGK   _____

6. JKDKGAW   _____

7. NKIYWK   _____

8. HFKBGMW   _____

9. GLKTM   _____

10. NYBGFLAB   _____

Puzzle 2 Acróstico

Write the words in Spanish. Then use the shaded letters to find the title of this puzzle.

1. suit ___ ___ ___ ___ ___
   ₁

2. shirt ___ ___ ___ ___ ___ ___
   ₂

3. shoes ___ ___ ___ ___ ___ ___ ___
   ₃

4. tie ___ ___ ___ ___ ___ ___ ___
   ₄

5. pants ___ ___ ___ ___ ___ ___ ___ ___ ___
   ₅

6. hat ___ ___ ___ ___ ___ ___ ___ ___
   ₆

7. blouse ___ ___ ___ ___ ___
   ₇

8. and ___
   ₈

9. skirt ___ ___ ___ ___ ___
   ₉

10. gloves ___ ___ ___ ___ ___ ___ ___
    ₁₀

11. stockings ___ ___ ___ ___ ___ ___
    ₁₁

12. coat ___ ___ ___ ___ ___ ___
    ₁₂

13. dress ___ ___ ___ ___ ___ ___ ___
    ₁₃

14. bathing suit ___ ___ ___ ___ ___ ___ ___ ___ ___ ___ ___
    ₁₄

Puzzle Title

¡ ___ ___ ___ ___ ___ ___ ___ ___ ___ ___ ___ ___ ___ ___ !
   1   2   3   4   5   6   7   8   9 10 11 12 13 14

142 Actividades en español

Find and circle or highlight these words in the puzzle below.

ESOS	ESAS	ABRIGO	TRAJE
ESA	SUÉTER	TRAJE DE BAÑO	CAMISA
LLEVAR	CINTURÓN	ESTOS	MEDIAS
ZAPATOS	ESE	FALDA	BLUSA
PANTALONES	GUANTES	CHAQUETA	CORBATA
ESTE	SOMBRERO	VESTIDO	NECESITAR
CALCETINES	ESTA	ESTAS	

```
V D E S O S N D C A M I S A R T E R T R A D E E E A C A S Z T
E C E E S D E T N S O L S R E S N L B C T A U E S T A N S E A
S I I T C T R B A A V T R A J E D E B A Ñ O R O E I R A E S D
T N M D E S A D C Ó S P É T E E E A B E E V E G T J E D A T T
I T E R E E U T E U T A Z T N U A C S S R A W U C O S A T A S
D U R S S M T E A T A N S A R R V S A A S D A I T T E N C S A
O R F I A E T T B A L T A R S J U Z H J O S E N A U E J Ñ C S
E Ó A U T D A I R C R A O D A C S A R S M R C A R O D E S A A
S N L I O I A F I H O L A T N A E P C E B N L T N O O P S L E
T I D A C A O C G Z T O I I C T D A Z L R R B B S E M D S C D
O Q A A O S L L O A O N Z E D N E T S E E S B L N C I E A E E
S R N N E S E S R S S E R V A E T O C S R Q R U E N Ó V E T R
E S O C S E I T L D L S E S A A L S U A O É N S C E T T A I O
T U L N R S V S L S A E B T I A A R E R A P C A E S A F E N A
O É A A T E U S E N T S V S A U C B A A T T A O S T S A B E T
O T A E O A J D V B E A R G B A T R O S R T S A I E S U E S A
D E O A E E C U A E E S O S A A O T E N A E M L T E R A E É E
N R E S A T C H R G U A N T E S C T D A J A C H A Q U E T A E
E E S A S U D B J B E A A A U S O C D T E S A E R F B I O T T
L S S F R E S S E O E S D S S A U G A C O R B A T A S C Y R A
D G T N L E N D M D T E V A O B Z U O A B A P O H E R I E M A
```

The vocabulary words are all mixed up! Use the word halves in the box below to piece the words back together again. Use each half only once.

es	as	ta	stido	llev	necesi
de baño	corba	nes	sa	ar	igo
a	som	es	as	pantalo	cam
abr	je	tar	e	da	ve
fal	tos	aqueta	gua	tra	ch
ines	ter	brero	tas	es	medi
es	es	sué	cintu	traje	es
blu	es	rón	isa	es	
ta	calcet	ntes	os	te	

1. _____

2. _____

3. _____

4. _____

5. _____

6. _____

7. _____

8. _____

9. _____

10. _____

11. _____

12. _____

13. _____

14. _____

15. _____

16. _____

17. _____

18. _____

19. _____

20. _____

21. _____

22. _____

23. _____

24. _____

25. _____

26. _____

Laura, Raquel, Victor, and Patricio each are wearing different types of clothing today. Read the clues below to determine who is wearing what. Fill in the chart using "S" for sí and "N" for no.

Claves:

1. Laura lleva algo para ir a la playa.
2. Raquel no lleva pantalones.
3. Victor no lleva una corbata.
4. Patricio lleva ropa elegante.

Complete the crossword puzzle using the Spanish word for each clue.

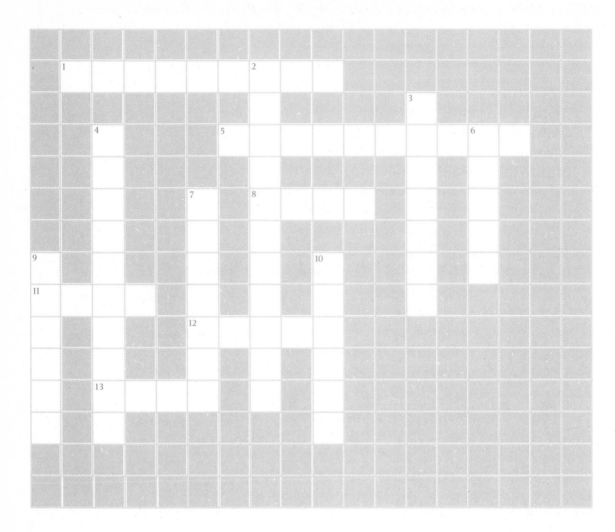

Down

2. bathing suit (3 words)
3. tie
4. socks
6. these (fem. pl.)
7. gloves
9. stockings
10. to wear

Across

1. to need
5. trousers
8. this (fem. sing.)
11. this (masc. sing.)
12. suit
13. those (fem. pl.)

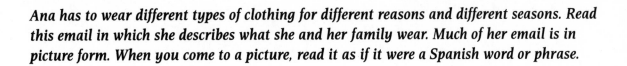
Ana has to wear different types of clothing for different reasons and different seasons. Read this email in which she describes what she and her family wear. Much of her email is in picture form. When you come to a picture, read it as if it were a Spanish word or phrase.

Como tenemos diferentes estaciones donde vivo, yo tengo mucha ropa diferente. Para

ir a la escuela, tengo un uniforme: una [ ], unas [ ] y

una blusa. En el invierno, [ ] y tengo que llevar un [ ],

un [ ] y los [ ]. Para el verano

tengo un [ ], un [ ] para el sol y [ ] cómodos.

Mi padre lleva una [ ] y un [ ] para ir a su trabajo.

Mi mamá lleva una [ ] y [ ] para ir su trabajo.

¿Qué tipo de ropa usas donde tú vives?

Los animales

Puzzle 1 — Ladrillos y letras

Find the word that matches the pictures below. Write one letter in each box until you complete each word.

CONEJO   GALLINA   PEZ   RATÓN
PUERCO   PÁJARO

1.

2.

3.

4.

5.

6.

Write the words and phrases in Spanish. Then use the shaded letters to answer the question.

1. pig ___ ___ ___ ___ ___ ___
    $\overline{}_{1}$

2. wild animal ___ ___ ___ ___ ___ ___   ___ ___ ___ ___ ___ ___ ___
    $_{2}$

3. ferocious ___ ___ ___ ___ ___
    _{3}

4. How beautiful! ¡___ ___ ___   ___ ___ ___ ___ ___ ___!
    _{4}

5. donkey ___ ___ ___ ___ ___
    _{5}

6. elephant ___ ___ ___ ___ ___ ___ ___ ___
    _{6}

7. fish ___ ___ ___
    _{7}

8. bull ___ ___ ___ ___
    _{8}

9. wolf ___ ___ ___ ___
    _{9}

10. lion ___ ___ ___ ___
    _{10}

11. cat ___ ___ ___ ___
    _{11}

12. hen ___ ___ ___ ___ ___ ___ ___
    _{12}

13. tiger ___ ___ ___ ___ ___
    _{13}

14. pig ___ ___ ___ ___ ___ ___
    _{14}

15. horse ___ ___ ___ ___ ___ ___ ___
    $_{15}$

Puzzle Question

¿Where can we find many of these animals?

En el ___ ___ ___ ___ ___ ___   ___ ___ ___ ___ ___ ___ ___ ___ ___
$_{1}_{2}_{3}_{4}_{5}_{6}_{7}_{8}_{9}_{10}_{11}_{12}_{13}_{14}_{15}$

Find and circle or highlight these words in the puzzle below.

CAZAR	COMPAÑERO	PEZ	FEROZ
TIGRE	AVE	BURRO	MONO
CAMPO	ELEFANTE	ANIMAL SALVAJE	PATO
GRANJA	TORO	LOBO	PÁJARO
GATO	CERDO	RATÓN	PUERCO
CONEJO	COCHINO	LEÓN	GALLINA
FINCA	CABALLO	ANIMAL DOMÉSTICO	

```
A B U R R O L C O H O J P E T L A A G C N N C E L A E O V G M
V C S D M V L O D R A S L R G F P C T A S E A N A C A S E L Z
T P U E R C O D O A G A C R G C A T C L T L E P C A R V C E T
A E B M Á B C A O A N I M A L D O M É S T I C O G B J N G I R
C A E O C C T R L S I A V E P U C A N J T O R O I A O C R B R
N O O N L O A A C A O N G C A A B A A O N A T T J L C A A P N
A O I O N M L P A T O R A T F I C N E O L L A T E L O I N E A
A J A Z N P A O C G G Ó C F G A G I M P E J A Á L O C P J Z L
Á P C R F A T L T B E T L E A A E M É O L O B O E P H G A A N
N E E C O Ñ M O R A R H O R T N R A O D C A É O F E I I O E P
Ó L R A C E O F N E G O O O O O O L C I Z J B O A N N O E R A
R O D Z I R Ó B F I F E A Z Z T N S G I O O L E N A O O T N T
B P O A C O N Ó I O N E J O U R I A A N T A R R T L O C M G O
E Á T R E I J Á N R J O P C T A A L L S U A C L E B B P F O C
M J G W B T É P C C C R U T I T N V L O L O C R A L A I N P P
O A N R A N I N A R C C I E G Ó A A I N C E C O N E J O A T G
M R O E Z J O O E L I O Ó L R N J J N T U A H H E Ó E V A T É
A O C R C A A C A M P O C M E J L E A R É R A E C N I T U J Ó
I E R I C T I A R A É E A R A M N Q B R L O E N T N U F O C O
A M E E O O R L A N A N C J L S I C P L A T J Z E P O M L V N
R T C E B L B A P U A E L Ó A O G E O F O O A L D R G C É L M
```

The vocabulary words are all mixed up! Use the word halves in the box below to piece the words back together again. Use each half only once.

galli	le	anja	méstico	do	bo
pa	oz	animal s	ro	gr	ar
caz	tig	bur	ca	nte	elefa
ejo	coch	pue	a	ón	rco
ñero	to	ve	rat	re	to
to	no	ón	ca	fin	animal do
cer	mpo	z	ca	fer	ballo
ino	na	compa	pája	ro	pe
lo	ga	ro	con	alvaje	mo

1. _____

2. _____

3. _____

4. _____

5. _____

6. _____

7. _____

8. _____

9. _____

10. _____

11. _____

12. _____

13. _____

14. _____

15. _____

16. _____

17. _____

18. _____

19. _____

20. _____

21. _____

22. _____

23. _____

24. _____

25. _____

26. _____

27. _____

Rafaela, Antonia, Iván, and David each own a different pet. Read the clues below to determine what kind of pet each one has. Fill in the chart using "S" for sí and "N" for no.

Claves:

1. Rafaela tiene un animal que nada.
2. Antonia tiene un animal que vuela.
3. La mascota de Iván come zanahorias.
4. David tiene un gato.

Rafaela				
Antonia				
Iván				
David				

Puzzle 6 Crucigrama

Complete the crossword puzzle using the Spanish word for each clue.

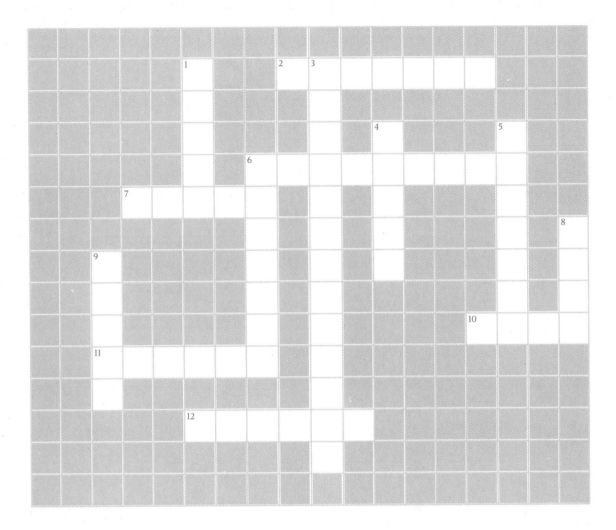

Down

1. mouse
3. wild animal (2 words)
4. to hunt
5. pig
6. horse
8. cat
9. country

Across

2. hen
6. companion
7. land
10. monkey
11. bird
12. farm

Ana loves animals. Read this email about the pets she has in her home and the ones her friends and family have. Much of her email is in picture form. When you come to a picture, read it as if it were a Spanish word or phrase.

Me gustan mucho los . En mi casa tenemos un

y un perro. También mi hermano tiene un dorado y yo

tengo un verde. Pero a mi mamá no le gustan las .

Por eso el pájaro vive en una jaula en mi dormitorio. Mi amiga Gisela tiene un

blanco y un blanco y negro. Mis abuelos viven en el

en una grande y tienen muchos animales domésticos.

Tienen un grande y muchos pequeños.

En la granja hay una y—mi animal favorito, un .

¿Tienes mascotas?

Chapter 23

¡Qué chico es el mundo!

Puzzle 1 El código secreto

Help break this code. Using the key below, replace the code with the correct letters. For example, when you see the letter D, replace it with an R. When you see the letter Q, replace it with a T. Do this for all the letters until you reveal each word. Good luck!

Code	A	C	D	E	F	G	H	L	M	N	O	Q	R	S	U	V	W	X	Z	Ñ
Letter			**R**				**P**			**V**	**I**	**T**		**D**						**Ñ**

1. VFEAVXOV _____

2. UDVXGEL _____

3. OQVFOV _____

4. FZL ELQVSZL CXOSZL _____

5. UDVXGOV _____

6. RCEX NOVWE _____

7. EF WVHZX _____

8. ELHVÑZF _____

9. HZDQCMCEL _____

10. OQVFOVXZ _____

Puzzle 2 Acróstico

Write the words in Spanish. Then use the shaded letters to find and answer the puzzle question

1. Who? ___ ___ ___ ___ ___
   ₁

2. Portuguese ___ ___ ___ ___ ___ ___ ___ ___ ___
   ₂

3. French ___ ___ ___ ___ ___ ___ ___
   ₃

4. France ___ ___ ___ ___ ___ ___ ___
   ₄

5. The United States ___ ___ ___   ___ ___ ___ ___ ___ ___
   ₅
   ___ ___ ___ ___ ___ ___

6. English ___ ___ ___ ___ ___ ___
   ₆

7. Italian ___ ___ ___ ___ ___ ___ ___ ___
   ₇

8. German ___ ___ ___ ___ ___ ___
   ₈

9. Germany ___ ___ ___ ___ ___ ___ ___ ___
   ₉

10. Chinese ___ ___ ___ ___ ___
    ₁₀

11. Japan ___ ___   ___ ___ ___ ___ ___
    ₁₁

12. Enjoy your trip! ¡___ ___ ___ ___   ___ ___ ___ ___ ___!
    ₁₂

13. Spanish ___ ___ ___ ___ ___ ___ ___
    ₁₃

14. Italy ___ ___ ___ ___ ___ ___
    ₁₄

15. Russian ___ ___ ___ ___
    ₁₅

Puzzle Question

¿ ___ ___ ___   ___ ___ ___ ___ ___ ___
  1   2   3   4   5   6   7   8   9

___ ___ ___ ___ ___ ___ ?
10 11 12 13 14 15

Yo hablo _____

156 Actividades en español

Find and circle or highlight these words in the puzzle below.

RUSO	ITALIA	ESPAÑOL	ITALIANO
ALEMANIA	FRANCIA	FRANCÉS	IDIOMA
EL JAPÓN	BUEN VIAJE	PORTUGUÉS	LOS ESTADOS
ALEMÁN	CHINO	INGLÉS	UNIDOS

```
E B O A J F R E N C É S P O R T U G U É S J A B A A
L A Á Y A O E L J A P Ó N A B N L F R A N C A I I V
S L O S E S T A D O S U N I D O S Q S N G A L N N N
J B U E N V I A J E Z E A A S A S P S Y A N E A M L
A N I R I T C C H E E N O H N Ó L A N C F L M E S S
P L I N G L É S N C S O A R P P S E B Ñ N U A S I N
Ó O L O L J T L G L N O N P N D C U M I N G N I L R
Ó E S A S O L O C A S A Y I N I E M Ó A I S A A M J
N E Á L J R A S I P O A U U T U V U D I N É I U I T
S J D I A S O L E A U A F L R I O T S E I I S Á A G
É A N A N A A A O O A S R U S O L I T A L I A L N I
U I F U O T L O N A E L A T I A E A I L Z T I Á Ó O
G S R A I A N O A L A O N N L A Ñ A P S E O E P I P
U N A E T L L G N O M S C F P I O Ó E S T L B N A Á
T E N I E L N Á É Y O D É S N N A D S S A U N P R S
R U C P D S M R E A E D S G I L D E P C C A I T P S
A B I O P E A E A P D A É H E J L T A S P U A I Ñ N
P O A P L N A Ñ A S I S C O S M I D Ñ T I D L É R E
S S I A I L É L E E R M O I D I D I O M A G I S L R
É É I O S O D I N U E S A D A T S E L S O L G E D T
G N H S A O F U I E E A T É R Y Ó U O T P I A N I S
```

The vocabulary words are all mixed up! Use the word halves in the box below to piece the words back together again. Use each half only once.

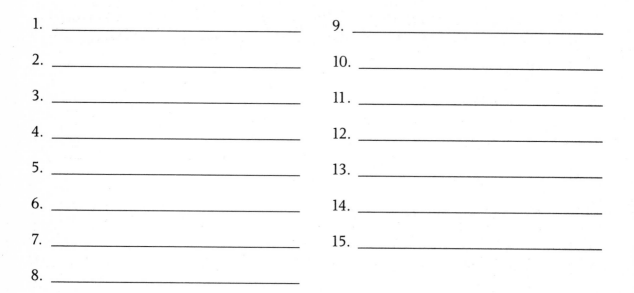

id	aje	los Esta	It	fra	ioma
no	ugués	és	port	espa	nia
Buen vi	Japón	cia	el	ino	ch
án	ingl	dos Unidos	ru	ñol	italia
Alema	alia	alem	so	Fran	ncés

1. _____

2. _____

3. _____

4. _____

5. _____

6. _____

7. _____

8. _____

9. _____

10. _____

11. _____

12. _____

13. _____

14. _____

15. _____

Beatriz, Carolina, Teodoro, and Marcos each speak a different language. Read the clues below to determine what language each person speaks. Fill in the chart using "S" for *sí* and "N" for *no*.

Claves:

1. Beatriz es de Francia.
2. Carolina es de los Estados Unidos.
3. Teodoro no habla ruso.
4. Marcos no habla español.

	¡Hola!	Bonjour!	Привет!	hello!
Beatriz				
Carolina				
Teodoro				
Marcos				

Complete the crossword puzzle using the Spanish word for each clue.

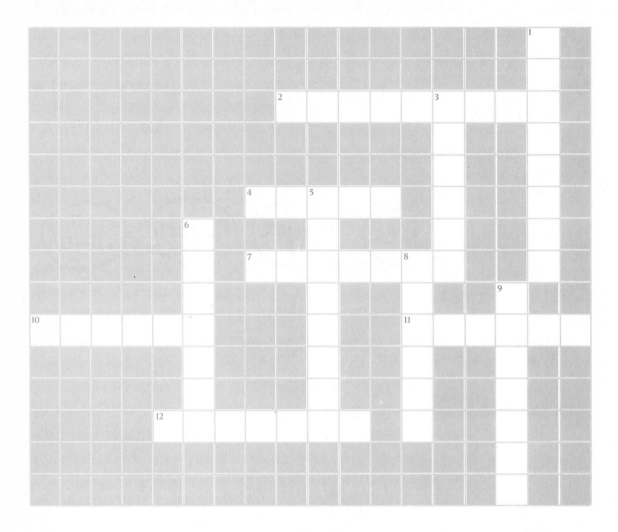

Down

1. Germany
3. Italy
5. Italian
6. French
8. language
9. Japan (2 words)

Across

2. Enjoy your trip. (2 words)
4. Chinese
7. France
10. German
11. English
12. Spanish

Ana's aunt and uncle love to travel and to learn different languages. Read this email in which she tells about the languages they speak and the places they've been. Much of her email is in picture form. When you come to a picture, read it as if it were a Spanish word or phrase.

Mis tíos viajan mucho y hablan muchos _____ . Cuando van a _____ ,

mi tío habla _____ . Cuando van a _____ , mi tía habla

_____ . Los dos hablan _____ porque viajan mucho

a _____ . Claro, como son de los _____ , los dos

hablan _____ y también un poquito de _____ . El

verano que viene, van a ir al _____ y a la _____ . Esta

semana van a comenzar clases de japonés y de _____ . ¡Qué suerte que

tienen mis tíos!

Chapter 24

Las asignaturas

Puzzle 1 Ladrillos y letras

Find the word that matches the pictures below. Write one letter in each box until you complete each word.

ESPAÑOL	GEOGRAFÍA	MÚSICA
ARTE	MATEMÁTICAS	QUÍMICA

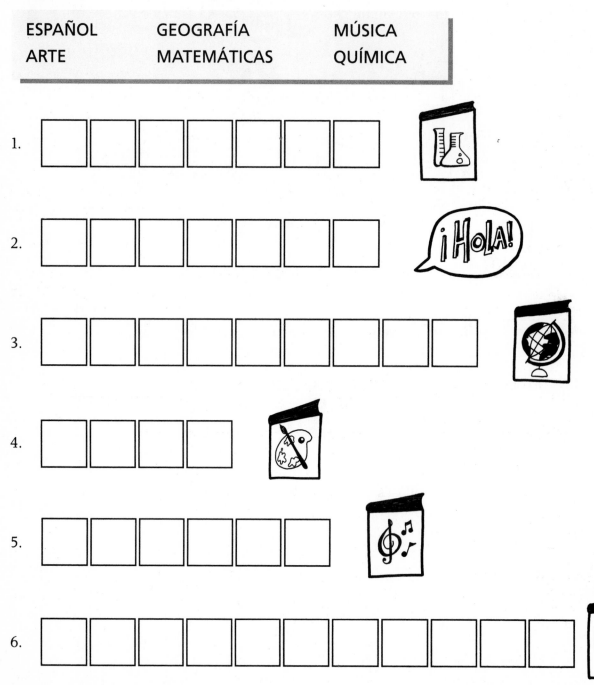

1.

2.

3.

4.

5.

6.

Write the words in Spanish. Then use the shaded letters to find the title of this puzzle. The first word has been done for you.

1. chemistry ____ ____ ____ ____ ____ ____ ____
                                        1

2. English ____ ____ ____ ____ ____ ____
                            2

3. art ____ ____ ____ ____
        3

4. music ____ ____ ____ ____ ____ ____
                    4

5. Spanish ____ ____ ____ ____ ____ ____ ____
              5

6. arts and crafts ____ ____ ____ ____ ____ ____ ____ ____
                                                    6
   ____ ____ ____ ____ ____ ____ ____ ____

7. physical education ____ ____ ____ ____ ____ ____ ____ ____ ____
                      ____ ____ ____ ____ ____
                        7

8. mathematics ____ ____ ____ ____ ____ ____ ____ ____ ____ ____ ____
                    8

9. summer school ____ ____ ____ ____ ____ ____ ____
                 ____ ____ ____ ____ ____ ____
                   9

10. biology ____ ____ ____ ____ ____ ____ ____ ____
                        10

11. geography ____ ____ ____ ____ ____ ____ ____ ____ ____
                                    11

12. social studies ____ ____ ____ ____ ____ ____ ____ ____ ____
                        12
    ____ ____ ____ ____ ____ ____ ____ ____

13. history ____ ____ ____ ____ ____ ____ ____ ____
                        13

14. geometry ____ ____ ____ ____ ____ ____ ____ ____ ____
                                            14

15. physics ____ ____ ____ ____ ____ ____ ____
                    15

Puzzle Title

Mis ____ ____ ____ ____ ____ ____ ____ ____ ____ ____ ____ ____ ____ ____ ____
    1   2   3   4   5   6   7   8   9   10   11   12   13   14   15

Find and circle or highlight these words in the puzzle below.

TRABAJOS MANUALES   ANOCHE   AYER   GEOGRAFÍA

LA SEMANA PASADA   FÍSICA   ARTE   CURSO

CIENCIAS SOCIALES   NOTA   MÚSICA   MATEMÁTICAS

INFORME ESCOLAR   ESPAÑOL   AHORA

CURSO DE VERANO   HOY   QUÍMICA

EDUCACIÓN FÍSICA   INGLÉS   BIOLOGÍA

EL AÑO PASADO   ASIGNATURA   HISTORIA

EL MES PASADO   GEOMETRÍA   MAÑANA

```
N P A U N S C O A I D G Ñ Q U Í M I C A I S S U Ó U I O V Í G
L F R É U O T Y A R M D A H E P O R T N I U E T E A N A O M I
L K Ñ Y A O M S Ñ I C Í O R A F S A C O E P T C D C E A T G R
E V O T R E I E A N A T L R C C F Í A C R L I I U O M K I R L
L S L A S E M A N A P A S A D A R A F H I O G E C P A C O F O
M P L S O H O Y H I S T O R I A L A Í E N U E N A Í L N E Í E
E T T R A B A J O S M A N U A L E S E S F E O C C I E A L A A
S A D Í G E R U D N O A T G A O N C Ó O O M G I I C O G A S P
P E C L E Í S R O P I M A A N O T A I E R E R A Ó M M S Ñ Á I
A T C A O S C I A C O M A Ñ A N A Y N U M H A S N A U R O E O
S I U L M A A A S I G N A T U R A A G E E A F S F T S M P A D
A A R Y E R C A D A U I E A Y M A C L A E S Í O Í E I E A E O
D M S O T X A R R A S N O N O O D F É G S C A C S M S R S S N
O Ú O D R A A T M E S A É O Í C E Í S E C F P I I Á B F A P E
Í S Í R Í O A E P A N Y A R O G E S N C O S P A C T A R D A E
S I S S A L U R L L N E P A V E I I E A L E A L A I D U O Ñ I
A C I F H A S E O T A R U E D A Z C T E A O R E Q C A E W O H
M A Q Ú O B I O L O G Í A Y A C R A L Í R N N S A A I A O L T
U E A M R O A A J A U I M U T E Í G S C Y N A S S S U E A A A
A T A A A M S T A A A O C U R S O D E V E R A N O Q O C I C A
```

The vocabulary words are all mixed up! Use the word halves in the box below to piece the words back together again. Use each half only once.

manuales	te	españ	rso	n física	curso de
sociales	geom	mañ	pasada	el año	mú
físi	ogía	h	pasado	el mes	ca
la semana	ingl	aho	no	ria	asignat
ar	escolar	ay	sica	quím	ano
rafía	pasado	informe	etría	ta	ciencias
oy	histo	ana	verano	és	biol
ol	trabajos	ica	ra	geog	matemá
che	educació	ura	cu	ticas	er

1. _____

2. _____

3. _____

4. _____

5. _____

6. _____

7. _____

8. _____

9. _____

10. _____

11. _____

12. _____

13. _____

14. _____

15. _____

16. _____

17. _____

18. _____

19. _____

20. _____

21. _____

22. _____

23. _____

24. _____

25. _____

26. _____

27. _____

Ana has four classes today. Each one starts at a different time. Read the clues below to determine at what time each one begins. Fill in the chart using "S" for sí and "N" for no.

Claves:

1. A las nueve, los estudiantes pintan.
2. A las diez y cuarto, los estudiantes estudian historia.
3. A las once y media, los estudiantes tocan instrumentos musicales.
4. A las dos hay una clase de ciencias.

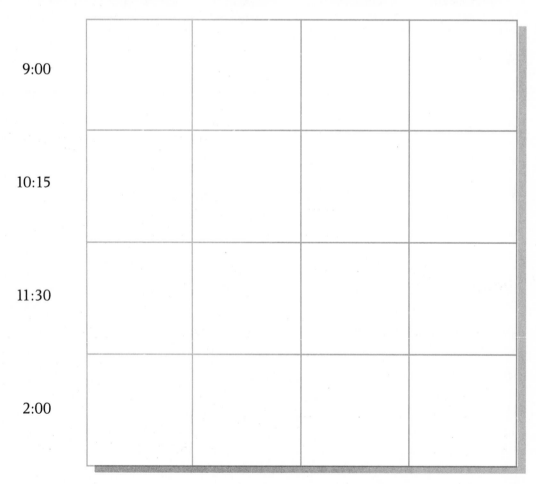

9:00				
10:15				
11:30				
2:00				